커피와
묵상

커피와 묵상

발행일	2020년 4월 14일

지은이	이대회
펴낸이	손형국
펴낸곳	(주)북랩

편집인	선일영	편집	강대건, 최예은, 최승헌, 김경무, 이예지
디자인	이현수, 김민하, 한수희, 김윤주, 허지혜	제작	박기성, 황동현, 구성우, 장홍석
마케팅	김회란, 박진관, 조하라, 장은별		

출판등록	2004. 12. 1(제2012-000051호)
주소	서울특별시 금천구 가산디지털 1로 168, 우림라이온스밸리 B동 B113~114호, C동 B101호
홈페이지	www.book.co.kr

전화번호	(02)2026-5777	팩스	(02)2026-5747

ISBN	979-11-6539-163-8 03230 (종이책)	979-11-6539-164-5 05230 (전자책)

이 도서의 국립중앙도서관 출판예정도서목록(CIP)은 서지정보유통지원시스템 홈페이지(http://seoji.nl.go.kr)와
국가자료공동목록시스템(http://www.nl.go.kr/kolisnet)에서 이용하실 수 있습니다.

(주)북랩 성공출판의 파트너

북랩 홈페이지와 패밀리 사이트에서 다양한 출판 솔루션을 만나 보세요!

홈페이지 book.co.kr • **블로그** blog.naver.com/essaybook • **출판문의** book@book.co.kr

커피와
묵상

이대희 지음

북랩 book Lab

감사의 글

커피와 묵상을 쓰기 시작한 것은 2018년 초엽입니다. 사실 저는 커피 전문가는 아닙니다. 자격증도 없고, 커피를 생업으로 삼아본 적도 없습니다. 단지 취미로 커피를 내릴 뿐입니다. 하지만 조금 더 맛있는 커피를 내리기 위한 노력은 꾸준히 해왔습니다. 그러다 보니 단순히 커피를 마시는 단계에서 커피를 내리는 단계로, 더 나아가서는 커피를 로스팅하는 단계로 이어졌습니다. 그만큼 커피가 참 좋았습니다.

그러던 어느 날 커피가 신앙의 원리와 비슷한 면이 많다는 생각이 들었습니다. 처음에는 이러한 생각을 제 페이스북 계정의 짧은 글로 담아냈습니다. 그러다가 문득 커피를 통해 성경의 이야기를 풀어냈으면 좋겠다는 마음이 생겼습니다. 그래서

6

커피를 볶으면서, 커피를 내리면서, 커피를 마시면서 묵상했던 내용을 조금씩 글로 담아냈습니다.

설교자로 살다 보니 글의 형식이 마치 설교문처럼 되었지만, 그렇다고 해서 이 책이 설교집은 아닙니다. 이 책을 통해 제가 말씀드리고자 것은 커피 한 잔을 마시는 동안에도 성경 말씀을 떠올려달라는 것입니다. 거기에 여러분의 묵상을 더해서 커피와 함께 마실 수 있었으면 하는 작은 바람을 가져봅니다.

『커피와 묵상』이 책으로 나올 수 있었던 것은 제가 내린 커피를 맛있게 드셔주신 분들이 계셨기 때문입니다. 만일 제가 내린 커피를 맛있게 드셔주시지 않았더라면 저는 커피를 내리고 있지 않았을 것입니다. 그런 점에서 지금껏 저의 커피를 마서주신 모든 분께 감사드립니다.

또한 '독립문커피'를 운영하셨고 현재는 통영 '안트워프 커피'를 운영하시는 허상국 사장님과 게이코 회장님께 감사드립니다. 두 분을 통해 커피의 맛, 커피의 멋을 알게 되었습니다. 무엇보다 『커피와 묵상』에 담긴 생각 대다수가 '독립문커피'에서 시작되었습니다. 결국 이 책은 '독립문커피'에 빚을 지고 있는 셈입니다.

커피와 관련된 대화를 누구보다 심도 있게 나누었던 임용택 예츠페리 사장님께도 감사드립니다. 예츠페리에서 나눈 대화가 있었기에 이 책에 커피에 대한 지식을 담을 수 있었습니다.

커피와 묵상을 글과 설교로 담을 수 있었던 배경에는 교회가 있었습니다. 부평중부교회 신경석 담임목사님과 모든 성도님들께도 감사드립니다.

원고를 검토해준 신동흠 형님과 마하나도 빼놓을 수 없습니다. 굳이 시간을 할애해서 초고를 꼼꼼히 읽고, 좋은 피드백을 해주었기에 부족한 글솜씨가 다듬어졌습니다.

항상 기도로 후원해주시는 아버지 이상득, 어머니 장미숙, 장인어른 김상철과 장모님 이선주께도 감사드립니다. 가족이라는 울타리 안에서 든든한 버팀목이 되어주는 누나 이지희와 매형 박윤수, 조카 박주안, 태중에 있는 박지안, 처제 김우정, 처남 김민규에게도 감사의 말을 전합니다.

무엇보다도 책을 출판하겠다는 생각을 말했을 때, 적극적으로 응원해주고 격려해준 사랑하는 아내 김희정과 지금껏 경험해보지 못한 행복을 경험하게 해준 딸 이정민에게 감사의 말을 전합니다.

책은 독자를 통해 완성됩니다. 이 책을 읽어주시는 모든 분께 진심으로 감사를 드립니다.

2020년 4월 10일

카페 쉐카(שמחה)에서

차 / 례

1 바람, 숨, 영

언젠가부터 '영성'이라는 단어가 자주 보입니다. 주위의 간판을 둘러보면 '영성 훈련원' 등의 이름을 내걸고 무언가를 교육하는 기관도 있고, 비교적 최근에는 '영성 일기'라는 것이 대두되기도 했습니다. 그런데 영성이 무엇일까요? '영성'은 한자로 靈性, 즉 '신령 영'에 '성품 성'을 사용합니다. 하지만 단순히 신령하다는 말로는 '영'을 설명하기 어렵습니다. 신령한 것은 무엇일까요?

구약성경에서 '영'은 '루아흐(חור)'라는 단어를 사용합니다. 본래의 뜻은 '바람'이라는 뜻이지요. 창세기에 보면 대홍수 이야기가 나옵니다. 그중에서도 폭풍우가 그치고 물이 줄어드는 장면은 대홍수 이야기의 중요한 전환점입니다. 물이 차오르다가 다시 줄어드는 과정에서 결정적인 역할을 하는 것은 다름 아닌 '바람'입니다. 창세기 8장 1절에서는 이렇게 말합니다.

"하나님이 바람을 땅 위에 불게 하시매 물이 줄어들었고"

하나님이 불게 하신 바람으로 인해 물이 줄어들고, 땅이 마르게 된 것입니다. 물이 심판이었다면 바람은 은혜입니다. 출애굽기에서 홍해를 가른 것 역시 바람입니다. 그런데 여기서 중요한 것은 바람의 주관자가 바로 하나님이시라는 사실입니다. 바람은 눈에 보이지 않습니다. 어디로 와서 어디로 가는지 알 수가 없습니다. 성경은 바람을 주관하시는 분이 바로 하나님이심을 증언합니다.

한편 루아흐는 '숨'이라는 의미로도 사용됩니다. 숨을 내쉴 때 바람이 들어왔다 나가는 것을 떠올려보세요. 숨을 들이마시고 다시 내뿜을 때 생기는 바람은 생명이 있음을 나타냅니다. 루아흐라는 단어가 뜻하는 것은 단순히 자연의 대류 현상으로서의 바람이 아닙니다. 바람은 하나님께서 일으키시는 것이며, 또한 사람의 생명과도 관련된다는 것입니다. 사람이 죽을 때 종종 "숨을 거두었다."라고 표현하지요. 숨을 멈추었다는 말입니다. 그런데 우리 기독교 신앙은 "숨을 거두어 가셨다."라고도 표현합니다. 이 세상에 불어오는 바람뿐만 아니라 사람의 호흡까지도 하나님의 손에 달려 있다는 것입니다.

마지막으로 루아흐는 '영'이라는 단어로 사용됩니다. 창세기 1장 2절에 "하나님의 영은 수면위에 운행하시니라"라고 할 때 '하나님의 영'이라는 말에서 '영'이 바로 루아흐입니다. 또한 시편 104장 30절에서는 "주의 영을 보내어 그들을 창조하사 지면을 새롭게 하시나이다"라고 말하지요. 이를 통해 영은 창조와 관련된 단어로 사용되었음을 알 수 있습니다. 그리고 창세기 6장 3절은 "여호와께서 이르시되 나의 영이 영원히 사람과 함께 하지 아니하리니 이는 그들이 육신이 됨이라 그러나 그들의 날은 백이십 년이 되리라 하시니라"라고 기록합니다. 앞서 바람, 숨이라는 의미에서도 그랬듯이 영이 사람의 생명과도 관련된다는 뜻입니다. 그렇다면 구약성서에서 나타난 루아흐를 가지고 영성을 이야기한다면 어떻게 이야기할 수 있을까요?

영성은 모든 사람이 가지고 있습니다. 호흡이 있는 모든 사람의 숨은 하나님께서 주관하시기 때문입니다. 하지만 영성은 자신이 영적인 존재임을 자각하는 사람일 때에 비로소 의미가 있습니다. 매 순간순간 숨을 내쉴 때마다 하나님을 느끼는 사람이 영적인 사람입니다. 바람이 불어올 때 하나님을 느끼는 사람이 영적인 사람입니다. 하나님의 영이 수면에 운행할 때는 땅이 혼돈하고 공허하며 흑암이 깊음 위에 있었으나, 수면을 마치고 깨었을 때는 혼돈(카오스, χάος)이 끝나고 마침내 질서 (코스모스, κόσμος)가 자리 잡았습니다.

창조는 세상의 질서를 만들고 정해진 대로 운행하시는 역사 입니다. 그래서 창조는 과거에 한 번 일어나고 만 사건이 아닙니다. 오늘도 끊임없이 새 창조가 이루어지고 있습니다. 하나 님이 정해놓으신 질서가 조금이라도 무너지면 우리 인류 사회 가 '이상(異常)'이라고 부르는 일이 일어납니다. 때문에 영성은 세상이 하나님 없이는 단 하루도 온전하게 지켜질 수 없음을 자각하는 것입니다.

이제 신약성경에서 말하는 신령한 것이 무엇인지를 알아봅 시다. 신약성경에서 '영'은 '프뉴마(πνεῦμα)'라는 단어를 사용합니다. 프뉴마 역시 루아흐와 마찬가지로 바람, 숨, 영이라는 뜻을 가지고 있습니다. 요한복음 4장 24절에서 예수님은 "하나님은 영이시니 예배하는 자가 영과 진리로 예배할지니라"라고 말씀하시는데, 여기에서 말하는 '영'이 모두 프뉴마 입니다. 하나님은 영이시다'는 정의(定義)이고, '영과 진리로'는 예배의 방법이지요. 하나님이 영이시라는 것은 하나님이 바람 같은 분이라는 뜻입니다. 바람은 앞서 언급했듯이 보이지가 않지요. 보이지 않는 하나님이기 때문에 믿기가 어려운 것도 사실이지만, 결국 보이지 않는 하나님께 '영과 진리로' 예배드리라는 것입니다. 흥미로운 것은 정의와 예배의 방법 중 하나가 동일한 단어라는 것입니다. 이는 무엇을 의미할까요? 하나님을 예배할 때는 하나님이 원하시는 대로 예배해야 한다는 것입니다.

그렇다면 하나님이 원하시는 예배가 무엇일까요? 이를 알려주기 위해서 또 하나의 단어를 주십니다. 그 단어는 바로 '진리(αλήθεια)'입니다. 토마스 아퀴나스(Thomas Aquinas)는 진리를 정의할 때 "생각과 존재의 합치(adaequatio rei et intellectus)"라고 이야기했습니다. 생각하는 것이 존재해야 진리라는 것입니다. 또한 진리라는 단어 자체만 두고 보면 '은폐되지 않은 것', '드러나 있는 것'이 바로 진리입니다. 그런 점에서 영과 진리는 사뭇 대조적으로 보입니다. 영은 보이지 않는 것인데 진리는 보이는 것이기 때문입니다. 마치 신학과 철학의 대립처럼 보이지요. 하지만 어렵게 생각할 필요가 없습니다. "영과 진리로 예배할지니라"라는 구절의 뜻은 보이지 않는 하나님을 보이는 분처럼 생각하고 예배하라는 것입니다. 히브리서 11장 1절은 "믿음은 바라는 것들의 실상이요 보이지 않는 것들의 증거"라고 말합니다. 하나님은 육신의 눈으로 보이지 않습니다. 믿음의 눈으로 볼 때 하나님이 보입니다. 그래서 하나님을 예배하기 위해 필요한 것은 바로 믿음입니다.

신약성경이 이야기하는 영성이 무엇입니까? 보이지 않는 하나님을 믿음의 눈으로 바라보고, 진리로 예배하는 것입니다. 보이지 않는 하나님을 믿는 것은 예수 그리스도께서 말씀하신 '하나님의 나라'를 이루어가는 일입니다. 그래서 영성은 우리 일상 가운데 하나님의 나라를 세워가는 척도입니다.

구약성경과 신약성경을 통해 '영성'이 무엇인가에 대해 고민

해보았습니다. 영성은 세상이 하나님 없이는 단 하루도 온전하게 지켜질 수 없음을 아는 것이며, 호흡하는 존재로 태어난 이상 우리 모두는 영적인 존재라는 것을 자각하는 것입니다. 그리고 보이지 않는 하나님을 믿음의 눈을 통해 바라보고, 진리로 예배하는 것입니다.

이 책에는 일상 가운데 매일 접하는(모두에게 매일은 아닐 수도 있지만) 커피를 통해 하나님을 찾는 노력을 담아보았습니다. 왜 커피냐고 묻는다면, 단순히 제가 커피를 좋아하기 때문입니다. 제가 좋아하는 커피를 통해 일상 속에 계신 하나님을 찾고, 또 그분이 자신을 계시해주신 '성경 말씀'을 헤아려 보려고 합니다.

이 책이 커피를 좋아하는 신앙인들에게, 혹은 하나님을 찾고자 하는 구도자들에게 작은 선물이 되었으면 좋겠습니다.

2 커피 한 잔

: 커피를 내리며 떠올리는 창조 이야기

커피 한 잔을 내리기 위해 필요한 과정에 대해 생각해보신 적이 있나요? 우리 일상에 워낙 깊숙이 자리 잡고 있는 음료다 보니 쉽고 당연하게 접할 수 있는 음료라 생각하기 쉽습니다만, 사실 커피 한 잔을 내리기 위해서는 꽤 많은 정성을 들여야 합니다.

먼저, 커피가 있어야 합니다. 커피는 농장에서 재배해야만 나오는 것이지요. 농장에서 자란 커피는 커피 체리라고 부르는 열매로 나오는데, 커피 체리를 벗겨내면 안에 커피콩이 들어있습니다. 이것을 빼내서 씻고 건조하는 것이 생두의 생산과정입니다. 다음으로 이 생두에서 우리가 마시는 커피의 맛을 끌어내려면 로스팅(Roasting)이 필요합니다. 흔히 볶는다고 표현하는 과정입니다. 이 과정을 통해 생두(Green Bean)가 원두(Whole

Bean)로 변해갑니다. 색깔이 점점 갈색으로 변하는 것이지요. 각 커피 품종에 맞는 정도까지 볶은 후, 이를 그라인더로 갈아야 합니다. 그리고 그렇게 갈아낸 원두를 여과지에 담고 그 위에 물을 부으면 커피가 추출되는 것이지요(혹은 에스프레소 머신으로 뽑아내기도 합니다).

쉽게 접하는 커피지만, 자세히 들여다보니 그 과정 가운데 무엇 하나 빠져도 되는 것이 없습니다. 그런데 사람들이 커피를 마시다 보니 커피만으로는 아쉬움이 생겼습니다. 커피는 좋으나 쓴맛을 다른 맛으로 중화시켰으면 하는 생각이 들기 시작합니다. 그 결과 커피에 우유를 타서 마시기 시작했습니다. 카푸치노가 탄생한 것입니다. 카푸치노는 프랑스에서 카페오레로, 미국에서는 카페라테로 발전합니다. 완전히 다른 음료라기보다는 지역별 기호에 맞춘 것으로 보는 것이 좋겠습니다. 생두가 원두로, 원두가 커피로, 커피가 카푸치노로. 카푸치노가 카페오레 혹은 카페라테로 발전했습니다. 게다가 요즘에는 커피를 베이스로 하는 수많은 음료가 있지요. 이처럼 시대의 흐름에 따라, 사람들의 필요에 따라, 기호에 따라 레시피는 계속 발전합니다.

창세기 2장이 들려주는 창조 이야기는 바로 이러한 모습을 보여줍니다. 창세기 1장의 창조 이야기가 '하늘과 땅'으로 시작하는 것과 달리, 창세기 2장은 '땅과 하늘'로 시작하면서 땅의 이야기를 전개해나가고 있습니다. 창세기 1장의 창조 이야기에서 가장 절정에 이르는 이야기는 단연 사람의 창조입니다. 어쩌면 사람의 손으로, 사람의 언어로 기록한 성경이기에 더욱 그렇게 보이는 것일지도 모릅니다. 하지만 어쨌든 우리에게 주어진 성경은 사람을 창조한 이야기를 창조의 절정으로 놓고 있습니다. 그 여운이 채 가시기도 전에 창세기 2장에서 다시금 창조 이야기가 시작되는 것입니다.

그런데 성경은 사람의 창조를 요술 지팡이로 뚝딱 만들어내는 것처럼 그려내지 않습니다. "하나님이 이르시되…그대로 되니라"와 같이 비교적 신적인 창조를 이야기하는 창세기 1장에서조차도 사람을 창조하는 이야기는 "우리의 형상을 따라 우리의 모양대로 우리가 사람을 만들고 그들로 바다의 물고기와 하늘의 새와 가축과 온 땅과 땅에 기는 모든 것을 다스리게 하자"라는 청유형 문장으로 되어 있습니다. 또한 지금 우리가 보는 2장 말씀에는 이 모든 창조 이야기의 과정이 있습니다.

먼저 사람을 짓기 전에 공간을 만드셨습니다. 땅과 하늘이 생겨나지요. 이 땅은 아직 하나님이 비를 내리시기 전의 상태입니다. 가뭄이 계속될 때의 모습을 상상해보십시오. 척박하고, 먼지가 뒤덮인 모습, 생명의 기운이라고는 보이지 않는 모습입니다. 당연히 땅에서 일할 사람도 없었습니다. 아니, 사람이 있었다 한들 일을 할 수가 없었을 것이고, 사람도 살 수 없었을 것입니다. 물이 없었기 때문입니다. 이때 하나님이 땅으로부터 원천을 뽑아내십니다. 물은 생명의 상징입니다. 하나님이 땅에서 물을 뽑아내심으로써 세상의 심장을 박동시키시는 것입니다.

땅이 물과 만나면 어떻게 되나요? 티끌이 물과 만나면 어떻게 되나요? 또 먼지가 휘날리던 땅에 물을 뿌리면 어떻게 되지요? 먼지는 모두 씻기고 흙은 진흙이 됩니다. 달라붙는 성질이라고는 찾아볼 수 없던 흙이 서로 달라붙는 흙으로 변합니다. 티끌이 흙으로 뭉쳐집니다. 사람을 만드는 재료가 됩니다. 이

제 티끌은 더 이상 티끌이 아닙니다. 이제 티끌은 사람을 빚는 흙입니다. 티끌을 진흙으로 만드신 하나님, 그 하나님이 이 흙으로 아담을 손수 빚으십니다. 토기장이가 되어 하나님의 솜씨로 어루만지셔서 사람을 빚어내십니다. 그렇습니다. 우리는 하나님의 솜씨입니다. 우리의 몸에는 하나님의 손길이, 하나님의 지문이 묻어 있습니다.

하나님의 손길, 하나님의 지문이 묻어 있는 하나님의 사랑, 사람을 하나님께서는 아무 데나 두시지 않았습니다. 이미 세상이 하나님이 지으신 곳이지만, 굳이 에덴에 동산을 조성하시고 그곳에 사람을 두셨습니다. 에덴은 단순히 동산이 아닙니다. 창세기 2장 10절은 "강이 에덴에서부터 나와 동산을 적시고, 거기에서 네 강의 근원이 되었으니"라고 전하고 있습니다. 에덴은 바로 강이 발원한 곳입니다. 강이 흐른다는 것은 생명이 있다는 것을 의미합니다. 강은 풍요를 상징합니다. 생명과 풍요, 그 모든 것의 근원이 되는 곳이 바로 에덴입니다. 그래서 에덴은 생명의 동산이고, 풍요의 동산입니다. 그곳에 하나님이 자신이 빚으신 사람을 두셨습니다. 하나님이 사람에게 얼마나 공들이고 계시는지를 여기서 엿볼 수 있습니다.

에덴에 들어간 사람은 이제 하나님의 뜻대로 움직여야 합니다. 하지만 오해하지 마십시오. 하나님의 뜻대로 움직인다는 것이 자유를 박탈당한 채 구속된 삶을 사는 것을 의미하는 것은 아닙니다. 하나님은 사람에게 에덴에서 일하게 하시고 에덴을 지키게 하셨습니다. 만물의 이름을 아담이 짓게 하셨습니다. 아담이 일하고, 지키고, 이름을 짓는 동안 하나님은 무엇을 하셨을까요? 그저 관찰하셨습니다. 하나님은 솜씨를 뽐내실 뿐만 아니라 솜씨로 빚어낸 작품들을 관찰하시는 분입니다. 피조물에게 자유를 주시는 분입니다.

그런데 아담을 관찰하다 보니 어때요? 성경은 '아담이 혼자 있는 것이 좋지 않았다.'라고 전하고 있습니다. 그를 닮은 돕는 자가 없었기 때문입니다. 모든 동물은 암수를 이루고 짝이 있는데 사람만 짝이 없으니 배필이 필요하겠다고 생각하신 것입니다. 하나님은 관찰하실 뿐만 아니라 사람의 필요를 아시고 채워주시는 분입니다. 진흙을 사람으로 만드신 하나님이 이제 그 이후의 것을 생각하십니다. 하나님은 자신이 빚으신 아담에

25

게서 갈비뼈 하나를 꺼내시고, 갈비뼈를 가지고 여자를 지으십니다. 티끌을 진흙으로, 진흙을 사람으로 만드신 하나님이 이제 사람을 인간(人間)으로 만드셨습니다. 아담의 노래는 사람이 인간이 되었을 때의 기쁨을 노래하는 찬가입니다. 여기서 남자에게서 여자가 나왔다는 등의 말은 하지 마십시오. 아담의 기쁨은 자신에게 종속된 무언가가 나왔다는 기쁨이 아닙니다. 아담의 기쁨은 혼자이던 자신의 곁에 자신을 닮은 사람이 생겨난 것, 사람과 사람 사이, 곧 인간이 된 것, 함께 체온을 느끼고 대화하고, 감정을 나누고, 무엇이든 함께 할 수 있는 인간(人間)이 된 것에 대한 감격입니다.

지금껏 살펴본 것처럼 창세기 2장은 티끌을 진흙으로, 진흙을 사람으로, 사람을 인간으로 만들어 가시는 하나님의 역동적인 창조를 노래합니다. 하나님의 창조는 일방적이지 않고 땅과 호흡하며 이루어집니다. 필요하지 않은 것을 만드시는 하나님이 아니라 땅에 필요한 것, 사람에게 필요한 것을 만드신 하나님입니다. 창세기 2장이 전하는 창조는 그래서 정적이지 않고 동적입니다. 만들고 그치는 것이 아니라 재료를 가지고 또 다른 재료를 만들어나가는 여정입니다. 커피를 내릴 때도 여러 과정을 통해 한 잔의 커피가 완성되는 것처럼, 하나님의 창조는 여러 과정을 거쳐 완성으로 가는 여정입니다.

창세기 2장에서 전하는 세상은 손가락 하나 움직이지 않고 이루어낸 마법처럼 탄생한 것이 아닙니다. 하나님이 손수 만드시고, 빚으시고, 지어내신 세상입니다. 그렇기에 우리가 아름답게 보존하고 지켜나가야 할 세상입니다.

사람은 어떤가요? 사람은 하나님이 손수 주물거리며 빚어내신 하나님의 솜씨입니다. 또한 하나님은 사람을 깊게 관찰하시며 그 외로움을 보시고 짝을 만드셨습니다. 우리말 성경은 단순히 돕는 자로 번역했지만, 한문성경 대표본은 '서로 돕는 자'라고 번역하고 있습니다. 일방적으로 돕는 것이 아니라 서로 돕기 위해, 서로의 부족함을 채우기 위해 만드신 존재입니다. 카푸치노는 사람이 필요해서 만들었지만, 돕는 자는 하나님이 보시기에 좋지 않아서 만드신 존재입니다.

그렇다면 하나님이 보시기에 좋은 모습은 무엇이겠어요? 서로 연합하는 모습입니다. 사람을 사람으로 대하고, 하나님의 솜씨로 대하고, 하나님의 숨결로 대하는 것입니다. 미움, 다툼, 시기, 질투를 버리고 서로 사랑해야 하는 이유, 인간이라는 이름에 걸맞게 아름다운 공동체로서 연합을 이루어야 하는 이유, 사람을 사람으로 대하고, 서로 사랑하고 아껴야 하는 이유가 바로 여기에 있습니다.

3 핸드픽(Handpick)

구약성경의 여호수아서에 보면 '아간'이라는 인물이 등장합니다. 그의 이름은 "골치 아픈 사람", "고통의 사람"이라는 뜻입니다. 이름에서부터 불길한 징조가 나타나지요? 때는 여리고성을 정복한 직후입니다. 이스라엘은 하나님의 명령에 따라 성에 있던 '은금과 동철 기구'를 여호와의 곳간에 들여놓았습니다. 그때 아간은 '아름다운 외투 한 벌'과 '은 이백 세겔'과 '금덩이 오십 세겔'을 보고 탐욕을 이기지 못합니다. 성안에 있는 모든 은금과 동철 기구가 다 모여 있으니 아간이 생각하기에 조금 빼돌린다고 해서 티도 나지 않을 것 같았습니다. 그는 결국 손을 대서는 안 될 물건에 손을 대고 맙니다.

그 결과, 이스라엘은 아이성 전투에서 패배합니다. 패배의 이유를 묻는 여호수아에게 하나님은 거룩한 물건을 빼돌렸고, 그

것이 지금 백성 가운데 있다고 말씀하십니다. 그리고 그 물건이 제해지기 전까지는 결코 전쟁을 승리할 수 없다고 엄포를 놓으십니다. 아간 한 사람의 범죄로 인해 이스라엘 민족 전체가 위기에 처한 것입니다. 제비뽑기 끝에 아간은 결국 그 범죄를 실토합니다. 그러나 그 죄는 용서받지 못했고, 결국 그는 죗값을 치러야 했습니다. 아간은 돌에 맞아 죽임을 당했고, 사람들은 그 위에 돌무더기를 쌓아놓지요. 그곳을 아골 골짜기라고 부릅니다. '고통의 골짜기'라는 뜻입니다. 이것은 후에 심판과 저주를 상징하는 단어로 사용됩니다.

아간의 이야기를 통해 얻는 교훈은 '나 하나쯤이야.' 하는 이기심이 집단 전체를 위기로 몰아넣을 수 있다는 것입니다. 또 한 가지는 부려서는 안 되는 욕심은 참혹한 결과를 가져온다는 것입니다.

한편 신약성경의 사도행전에는 '아나니아'와 '삽비라' 부부가 등장합니다. 이 부부는 가난한 사람들을 구제하기 위해 땅을 팔아서 헌금했습니다. 하지만 이 과정에서 아나니아는 땅을 판 금액에서 일부를 빼내 감춥니다. 삽비라는 이를 알고도 묵

인합니다. 사실 가난한 사람을 구제하기 위해 땅을 팔아서 헌금한다는 것 자체가 대단한 일입니다. 그 정도 결단을 할 수 있는 사람이 몇 명이나 되겠습니까? 문제는 이들이 전부를 바치겠다고 해놓고 일부만을 바쳤다는 것입니다. 이것은 단순히 사람들에게 하는 거짓말이 아닙니다. 하나님께 거짓말을 한 것입니다. 누가 강요한 헌신도 아니었습니다. 자발적인 헌신이었지만, 그 과정이 올바르지 않았기에 그 헌금은 올바른 예물이 되지 못했습니다.

그 결과 아나니아는 그 자리에서 엎드린 채 혼이 떠났습니다. 세 시간쯤 후에 그의 아내 삽비라가 도착합니다. 삽비라는 앞서 일어난 일을 몰랐습니다. 베드로가 "그 땅을 판 값이 이것뿐이냐?"라고 묻자 삽비라는 "예. 이것뿐입니다."라고 대답하지요. 회개의 기회가 주어졌음에도 불구하고 그 자리는 거짓으로 얼룩지고 말았습니다. 결국 삽비라도 그 자리에서 죽고 말았습니다.

어떤 사람은 "사람이 마음이 바뀔 수도 있는 거지. 안 내겠다는 것도 아니고 내겠다는데 너무한 것 아니냐?"라고 물을 수 있습니다. 심지어 이들은 자발적으로 땅을 팔아서 헌금한 것이기 때문에 더욱 안타깝게 다가옵니다. 하지만 분명한 것은, 이 헌금이 사람에게 보이기 위한 것이 아니라는 사실입니다. 하나님께 바치는 예물인데, 약속대로 하지 않았기 때문에 문제가 되는 것입니다. 복된 길을 비극으로 마무리 지은 안타까운 사례이지요. 특히나 아나니아와 삽비라 이야기의 바로 앞에는 요셉이라는 사람이 자신의 밭을 팔아서 가난한 사람들을 위해 헌금을 했고, 그로 인해 사도들은 요셉을 '바나바', '위로의 아들'이라고 불렀다는 기사가 등장합니다. 아나니아·삽비라와는 너무나도 대조적인 모습이지요.

아나니아와 삽비라의 이야기가 주는 교훈은 무엇입니까? 하나는 하나님께 약속한 것은 반드시 지켜야 한다는 것입니다. 사람은 쉽게 속일 수 있습니다. 아나니아와 삽비라가 땅을 판 금액이 얼마인지 굳이 알리지 않는다면, 사람들은 당연히 전액을 다 바쳤다고 생각할 것입니다. 하지만 하나님은 속지 않으십니다.

아나니아·삽비라 이야기의 또 다른 교훈은, 겉보기에는 비숫하지만 그 내용은 전혀 다른 경우가 있다는 것입니다. 바나바의 이야기와 아나니아·삽비라의 이야기는 굉장히 비슷합니다. 하지만 그 내용은 어떻습니까? 그들은 동일하게 땅을 팔아서 바쳤지만, 바나바가 위로의 아들이라는 칭호를 얻었던 것과 달리 아나니아와 삽비라는 비극적인 죽음을 맞이했습니다. 이처럼 온전한 것과 온전해 보이는 것은 다릅니다. 모조품을 아무리 진짜처럼 만들어도 진짜처럼 보이는 모조품에 불과합니다.

커피 생두를 로스팅하기 위해 반드시 거치는 작업이 있습니다. 일명 '핸드픽(handpick)'이라고 불리는 작업입니다. 핸드픽은 손을 뜻하는 영어 단어 핸드(hand)와 고르다를 뜻하는 픽(pick)이 결합한 단어입니다. 단어에서 나타나듯이 이 작업은 기계로 이루어지는 작업이 아닙니다. 손으로 일일이 진행하는 작업입니다. 그렇다면 무엇을 골라낼까요? 이른바 결점두를 걸러내는 것입니다.

결점두의 모습

　우리 모두 알다시피 커피는 식품입니다. 커피콩을 직접적으로 섭취하는 것은 아니지만, 커피의 성분이 물에 녹아들면서 우리가 흔히 말하는 '음료로서의 커피'가 완성됩니다. 그러니 커피콩의 상태가 곧 커피의 질이라고 볼 수 있지요. 모든 식품이 그렇듯이 커피 역시 산지에서 핸드픽 과정을 거칩니다. 상품 가치가 없는 것들은 미리 분류되는 것입니다. 하지만 산지에서 아무리 핸드픽 과정을 거쳤다 해도 완벽할 수는 없습니다. 또한 유통과정에서 결점두가 추가로 발생합니다.

그렇다면 결점두는 무엇이 있을까요? 가장 먼저 커피콩이 아니지만 섞여 들어온 것들이 있습니다. 대표적으로 돌입니다. 돌은 엄밀히 말하면 결점두가 아닙니다. 애초에 커피콩이 아니기 때문입니다. 하지만 핸드픽 과정에서 반드시 빼내야 할 대상입니다.

다음으로 곰팡이가 핀 콩이 있습니다. 이것은 생각보다 흔하게 발견됩니다. 유통과정에서 습도의 변화로 인해 일부 생두에서 곰팡이가 발생하는 것입니다. 겉으로 볼 때는 티가 잘 나지 않는 경우도 있기 때문에, 의심이 가는 콩은 반드시 자세히 확인해야 합니다. 단 한 개라고 해도 곰팡이가 핀 커피콩으로 커피를 내린다는 것은 상상도 하기 싫지요.

다른 경우는 덜 자란 콩입니다. 수확 철이 되었다 하더라도 유독 영양분을 섭취하지 못한 콩이 있기 마련입니다. 또 영양분은 충분히 섭취했지만 단순히 크기가 작은 경우도 있습니다. 그러나 두 경우 모두 핸드픽의 대상입니다. 커피를 로스팅할 때 크기가 작으면 당연히 온도에 더 빨리 반응할 수밖에 없습니다. 그 결과 다른 콩들은 이제야 노릇해지는데 혼자만 타

버리는 경우가 발생합니다. 문제는 이런 콩이 하나 섞이는 것만으로도 커피에서 기분 나쁜 쓴맛이 난다는 것입니다. 게다가 로스팅 과정에서 탄 커피콩이 하나 생기면, 그 향을 다른 커피콩도 머금게 됩니다. 작은 콩 하나로 인해 함께 로스팅한 모든 콩이 전체적으로 피해를 보는 것입니다.

이처럼 작은 콩도 문제가 되었지만, 반대로 지나치게 큰 콩역시 문제가 됩니다. 혼자만 덜 볶아지면 자칫 풋내가 들어갈수 있기 때문입니다.

마지막으로 한눈에 보기에도 문제가 있는 콩들이 있습니다. 깨지거나 혼자만 색깔이 지나치게 이상한 콩 같은 것입니다.

지금까지 나열한 결점두를 빼내는 작업이 핸드픽입니다. 그런데 이 과정을 보면서 느껴지는 것이 있지 않습니까? 바로 커피는 대량생산이 어렵다는 것! 커피 농사를 이야기하는 것이 아닙니다. 커피콩을 핸드픽하고 로스팅하는 부분 때문에 어렵다는 것입니다. 그런데 요즘에는 로스팅만 전문으로 하는 공장까지 있습니다. 프랜차이즈 카페를 운영하기 위해서는 당연히 로스팅만 하는 전문 공장이 필요합니다. 그 자체가 나쁘다고 할 수는 없습니다. 다만 지금까지 언급했던 이 핸드픽 과정을 대량생산 과정에서 얼마나 반영할 수 있을지에 대해서는 의문을 가질 수밖에 없습니다. 의도치 않게 곰팡이가 핀 커피, 탄 커피, 덜 볶아진 커피를 마실 수도 있는 것입니다.

　여기서 끝나는 것이 아닙니다. 로스팅 과정에서 커피콩이 깨져서 이른바 '블라스트(blast)'가 생기기도 합니다. 이것은 열 균형이 제대로 맞지 않거나 수분 함량이 지나치게 적은 경우, 혹은 냉동 커피콩을 충분히 해동하지 않고 로스팅할 경우 발생하는 현상입니다. 시중에서 파는 원두 중 마치 벌레가 파먹은 것처럼 동그란 구멍이 있는 콩을 발견할 수 있습니다. 이런 콩들은 로스팅 후에 다시 한번 걸러내야 합니다. 하지만 대량생산을 할 경우에는 이런 분류 과정을 거치는 것이 현실적으로 어렵습니다. 그래서 시중에 유통되는 원두에서 이런 결점두가 발견되는 것입니다.

　커피콩은 그램 단위로 판매하기 때문에 양이 곧 수익과 직결됩니다. 그런데 수익을 조금 더 내겠다고 핸드픽을 제대로 하지 않으면 어떻게 될까요?

블라스트 현상이 발생한 원두

소비자가 커피에 대해 어느 정도 지식이 있어 알아서 걸러낸다면 다행이지만, 그렇지 않은 경우라면 소비자는 고스란히 나쁜 커피를 마시게 됩니다. 마셨을 때 속이 더부룩해지거나 메스꺼움 등의 증상이 발생하는 커피가 있지요? 커피콩 자체의 질이 나빠서 그런 경우도 있지만, 핸드픽이 제대로 되지 않은 커피를 마셨기 때문일 수도 있습니다. 상한 음식을 먹으면 몸이 건강한 사람도 휘청거리듯, 나쁜 커피 역시 건강을 해치는 요인입니다.

블라스트 현상이 발생한 원두 역시 마찬가지입니다. 이런 콩이 하나쯤 들어갔다고 해서 어떠냐고 생각할 수 있겠지만, 단 한 알이라도 블라스트 현상이 발생한 콩이 들어가면 그 커피에서는 기분 나쁜 쓴맛이 납니다. 정확히는 탄 맛이지요. 좋은 것은 쉽게 드러나지 않지만 나쁜 것은 바로 드러납니다. 아무리 좋은 원두로 커피를 내린다고 해도, 한 알의 나쁜 원두로 인해 기분 나쁜 쓴맛을 내는 커피가 되고 마는 것입니다. 그래서 핸드픽은 반드시 필요합니다.

핸드픽이 제대로 되지 않은 커피지만 쉽게 티가 나지 않을 수도 있습니다. 그러나 겉보기에는 티가 나지 않는다 해도, 그 커피는 결국 몸을 망가뜨립니다. 갈리지 않은 상태의 원두를 샀을 때는 노력 여하에 따라 결점을 발견할 수 있지만, 분쇄된 상태의 원두는 그나마도 아무런 결점도 발견할 수 없습니다. 겉보기에는 티가 나지 않지만, 몸속으로 들어가서는 안 될 성분이 몸속으로 들어간다면 그 양과 관계없이 몸은 반응합니다.

그런데 여기에서 우리 몸이 하나님의 형상을 따라 지어졌다는 것을 떠올려봅니다. 하나님을 닮은 우리의 몸조차 이렇게 작은 티에 민감하게 반응하는데, 하물며 거룩하신 하나님은 어떠시겠습니까?

하나님 앞에 예배드리러 나가는 나의 모습은 온전합니까? 하나님께 드리는 나의 예물은 정결합니까? 하나님께 예배드리는 나의 모습은 정직합니까? 하나님께 전심을 다 하고 있습니까?

아간의 범죄가 이스라엘의 아이성 정복을 실패하게 만들었습니다. 아나니아와 삽비라의 욕심으로 얼룩진 헌신이 그들을 죽음에 이르게 하였습니다. 나쁜 커피콩 하나가 우리 몸을 병들게 만듭니다. 하나님 앞에서 나의 모습은 좋은 콩입니까, 나쁜 콩입니까? 하나님 앞에 선 나의 모습은 바나바입니까, 아나니아·삽비라입니까? 나로 인해 다른 사람들이 하나님과 더욱 가까워지고 있습니까, 아니면 나 때문에 다른 사람들의 예배가 방해받고 있습니까? 교회만 생각할 것이 아닙니다. 공동체를 이루는 모든 곳에서도 마찬가지입니다. 나는 공동체에 도움이 되는 사람입니까, 아니면 나로 인해 공동체가 병들고 있습니까?

우리는 커피콩의 입장이 되기도 하지만, 때로는 핸드픽을 하는 입장에 서기도 합니다. 빼내야 할 결점두가 있음에도 불구하고 그것이 아까워서 품고 있지는 않습니까? 잘못된 관습, 잘못된 행동을 좌시하고 있지는 않습니까? 결단이 필요합니다. 나쁜 콩은 핸드픽의 대상입니다. 좋은 콩처럼 보이는 것은 아무 소용없습니다. 핸드픽을 제대로 하지 않는다면 그 커피는 우리의 몸을 병들게 만듭니다.

우리가 커피콩이라면 좋은 콩이 됩시다. 우리가 커피를 볶는 로스터라면 핸드픽을 잘합시다. 나로 인해 조직이 건강해지고, 내가 속한 모든 공동체가 굳건히 서는 은혜가 있길 바랍니다.

4 로스팅, 맛을 내는 연단

커피가 맛을 내기 위해서는 '로스팅(Roasting)'이라는 과정을 거칩니다. 흔히 커피를 볶는다고 표현하는 과정입니다. 커피 생두는 영어로 '그린 빈(Green Bean)'이라고 부릅니다. '그린(Green)'이라는 단어에서 보이듯 생두는 녹색입니다. 생두를 로스팅하면 우리가 시중에서 보는 갈색의 원두가 되는 것입니다.

생두(Green Bean)의 모습

혹시 생두의 맛이 궁금하지 않으십니까? 저는 생두가 어떤 맛일지 궁금해서 먹어본 적이 있습니다. '풋내'라고 하지요? 생두를 먹으면서 우리가 아는 커피의 맛은 절대로 상상할 수 없습니다. 쓴맛만 빠진 풀 맛이 납니다. 또 생두는 딱딱해서 씹기도 어렵습니다. 게다가 내부에 수분도 남아있기 때문에 잘 갈리지도 않습니다. 그러니 생두를 가지고 음료를 제조하기란 불가능한 일이지요.

이렇듯 아무 쓸모도 없어 보이는 생두에 맛과 향을 부여하는 작업이 바로 로스팅입니다. 녹색의 생두가 로스팅을 통해 점점 갈색으로 변해가고, 우리가 아는 커피의 맛을 내기 시작합니다.

그런데 로스팅은 단순히 색만 변하는 과정이 아닙니다. 로스팅을 하는 와중에 '팝핑'이라는 작용이 일어납니다. 옥수수가 터지면서 팝콘이 되는 것처럼 커피를 볶을 때도 비슷한 작용이 일어납니다. 팝핑은 최대 두 번 일어나는데, 이를 각각 '1차 팝'과 '2차 팝'이라고 부릅니다. 2차 팝은 필수가 아닙니다. 로스터의 재량에 따라 일어나게 할 수도 있고, 그전에 로스팅을 마칠 수도 있습니다. 하지만 1차 팝은 반드시 거쳐야 하는 단계입니다. 1차 팝이 일어나는 시기는 보통 190~200℃입니다. 1차 팝이 일어나기 전까지가 커피콩이 열을 머금는 단계였다면, 1차 팝이 일어나면서부터는 커피콩이 열을 발산하기 시작합니다. 그러면서 충분히 열을 머금은 생두를 중심으로 본격적인 팝핑이 시작됩니다. 보통 '탁~탁' 같은 소리가 들리는데, 이 소리는 커피콩의 가운데 갈라진 부분이 파열하는 소리입니다. 이 파열로 인해 로스팅 과정에서 커피가 머금은 수분과 가스가 방출되는 것이지요. 가스가 방출되면서 생두가 가지고 있던 풋내가 사라지고, 그 자리에 커피가 가진 고유의 향과 맛이 자리 잡습니다.

  핸드드립 커피를 마시는 경우는 1차 팝을 기준으로 로스팅이 이루어지지만, 에스프레소 머신을 사용하는 경우는 2차 팝을 기준으로 로스팅이 이루어집니다. 2차 팝은 커피콩의 상태와 화력의 정도에 따라 달라지긴 하지만 대략 210~220℃에 이루어집니다. 2차 팝이 일어날 때는 '틱~틱' 같은 소리가 들리는데 역시 커피콩이 자신을 깨는 소리입니다.

그런데 왜 핸드드립 커피(뿐만 아니라 대부분의 추출 방법)와 에스프레소 머신을 사용하는 경우의 로스팅 정도가 다를까요? 먼저는 팝핑을 거치면서도 여전히 커피콩에 가스가 남아 있기 때문입니다. 또한 로스팅의 정도에 따라 커피콩의 강도가 달라지기 때문이지요. 핸드드립 커피는 압력을 가하지 않습니다. 그러니 커피콩의 강도가 그리 중요하지 않습니다. 또한 추출과정에서 뜸을 들일 때 이른바 커피빵이라고 불리는 현상이 나타납니다. 커피빵이란 가스가 빠져나오면서 커피가 부풀어 오르는 모습을 말합니다. 이 현상은 갓 볶은 커피일수록 짙게 나타납니다.

　　그런데 에스프레소 머신을 사용할 때 이러한 현상이 일어나면 어떻게 될까요? 압력이 제대로 전달되지 않을 뿐 아니라 가스로 인해 잡맛이 섞입니다. 또한 커피빵 현상으로 인해 커피가 마치 물처럼 추출되는 것을 볼 수 있습니다. 심한 경우는 압력을 이기지 못하고 폭발할 수도 있습니다. 가스도 가스지만 커피콩의 강도도 무시할 수 없습니다. 커피를 에스프레소로 뽑을 때는 보통 9기압(9bar) 정도의 압력으로 추출하는데,

이때 커피가 단단하다면 에스프레소의 추출 시간이 지나치게 길어질 수 있습니다. 추출 시간이 길어지면 역시 잡맛이 섞입니다. 이런 이유로 인해 추출 방법에 따라 로스팅의 정도가 달라지는 것입니다.[1]

중요한 것은 커피콩이 생두 상태 그대로 있다면 아무런 맛을 낼 수 없다는 사실입니다. 충분히 열을 머금고 갈색 원두가 되어야 맛을 낼 수 있습니다. 단순히 색이 변하는 것만으로 끝나는 게 아닙니다. 팝핑을 통해 자신을 깨뜨려야 잡맛을 제거할 수 있습니다. 잡맛이 제거된 후에야 비로소 커피콩은 본연의 맛을 내기 시작합니다. 풋내가 단맛으로, 신맛으로, 쓴맛으로 변합니다. 우리가 마시는 커피의 맛과 향은 바로 이러한 과정을 통해 얻은 결과입니다.

커피가 맛을 내는 과정 속에서 '연단(鍊鍛)'이라는 단어를 떠올려 봅니다. 이 글에서 저는 팝핑을 커피가 자신을 깨뜨리는

---

[1] 이런 문제를 해결하는 다른 방법도 있습니다. 원두를 충분히 숙성시켜서 가스를 뺀 후 사용하고, 좋은 에스프레소 머신을 사용한다면 압력도 자동으로 조절하기 때문에 더 높은 압력으로 추출 시간을 짧게 할 수 있습니다. 그러나 원두를 숙성시키는 시간을 늘리려면 수요와 공급을 조절하기 위해 대단히 많은 분석과 노력을 해야 합니다. 분명한 것은 로스팅 시간이 짧을수록 커피는 고유의 맛을 내기 위해 더 많은 시간을 필요로 한다는 것입니다.

과정이라고 표현했지만, 사실 커피콩은 스스로를 깨뜨리지 못합니다. 외부에서 열이 가해져야만 팝핑이 일어날 수 있습니다. 그래서 커피콩은 좋은 향과 맛을 가지고 있음에도 불구하고 스스로는 그 맛을 낼 수 없습니다.

성경에서 '연단'이라는 단어는 스스로의 노력이 아닌, 하나님께서 주시는 시험이란 뜻으로 사용됩니다. 그런데 이 시험은 결코 쉬운 시험이 아닙니다. 잠언 17장 3절에서는 이렇게 말합니다.

"도가니는 은을, 풀무는 금을 연단하거니와 여호와는
마음을 연단하시느니라"

은과 금은 처음부터 순은, 순금으로 존재하지 않습니다. 돌과 섞여 있기도 하고, 모래에 섞여 있기도 합니다. 그렇기 때문에 은과 금을 가치 있게 만들기 위해서는 모든 불순물을 제거해야 합니다. 지금은 더 다양한 방법으로 정제가 이루어지지만, 잠언이 적힌 시기에는 도가니와 풀무를 이용했습니다. 더 정확히 말하면, 풀무는 용광로라고 볼 수 있습니다. 뜨거운 불을 이용해 불순물을 녹이는 것입니다. 단순히 뜨겁게 한다고 해서 끝나는 것이 아니라, 수은과 같은 약품을 이용해서 은과 금을 불순물로부터 분리해야 합니다. 만일 은과 금이 감정을 가지고 있다면, 정제 과정은 극한의 고통을 수반했을 것입니다. 바로 이러한 은과 금의 정제 과정이 하나님께서 마음을 연단하시는 과정과 비교되고 있습니다. 도가니가 은을, 풀무가 금을 연단하는 것처럼 여호와께서는 마음을 연단하신다는 것입니다. 그리고 이는 하나님께서 마음을 단련시키시는 과정이 도가니만큼, 풀무의 불만큼 고통스러운 과정이라는 말입니다. 그러나 이 과정을 이겨내면 어떻게 됩니까? 순은과 같이, 순금과 같이 그 가치를 발합니다. 중요한 것은 커피콩이 팝핑을 위해 열을 필요로 하는 것처럼, 은과 금이 순금·순은이 되기 위해 도가니와 풀무를 필요로 하는 것처럼, 사람이 사람이 되기 위해서는 하나님이 필요하다는 것입니다.

커피콩은 팝핑을 통해 맛을 냅니다. 열은 외부에서 오지만, 커피콩은 그 열을 받고 자신을 깨뜨리며 가스를 배출합니다.

그러면서 소중히 품고 있던 향과 맛을 뿜어냅니다. 은과 금은 정제 과정을 통해 불순물을 제거합니다. 그러면서 순은과 순금이 됩니다. 그런데 생두가 로스팅을 거쳐서 원두가 되었다 해서, 은과 금이 정제 과정을 거쳐 순은과 순금이 되었다 해서 끝나는 것이 아닙니다. 맛있게 볶은 원두를 그대로 두기만 한다면 제아무리 좋은 원두라 하더라도 소용이 없습니다. 원두는 음료가 될 때 가치가 있습니다. 그러기 위해서 원두는 갈려야 합니다. 자신을 깨뜨린 것으로도 모자라서 이제는 갈려야 합니다. 그리고 물을 받아들여야 합니다.

믹스커피를 마시는 분이 많다 보니 커피가 물에 녹는다고 오해하는 분이 상당히 많습니다. 하지만 커피는 물에 녹지 않습니다. 커피가 물을 받아들인다는 것은, 자신이 가지고 있던 성분은 모두 내어놓고 자신의 겉모습은 내려놓는 것입니다. 한 번 내린 커피는 찌꺼기라고 불립니다. 그리고 버려집니다. 찌꺼기는 버려졌지만, 그 성분이 그대로 녹아든 물은 음료인 '커피'로 불립니다. 이것을 기반으로 카페라테가 만들어지기도 하고, 카푸치노가 만들어지기도 합니다.

순은과 순금 역시 마찬가지입니다. 순금과 순은을 가지고 있기만 해도 가치가 있지만, 제대로 된 가치를 얻는 것은 이것이 상품이 됐을 때입니다. 녹여지고, 틀에 들어가 굳어짐으로써 은과 금은 상품이 됩니다. 왕관이 될 수도 있고, 귀걸이, 목걸이, 반지가 될 수도 있습니다. 때로는 성전 기구가 되기도 합니다.

사람은 어떻습니까? 하나님께서 사람을 연단하시는 것은 사람이 하나님의 뜻을 이루어나가도록 하시기 위함입니다. 신약 성경의 용어로 바꾸어 말하면 사람을 세상의 빛으로, 세상의 소금으로 살아가게 하시기 위해 제자로 삼아 연단하시는 것입니다. 중요한 것은 빛과 소금 그 자체가 아닙니다. 그 앞에 있는 '세상의'라는 수식어가 아주 중요합니다. 빛은 비추어야 하고, 소금은 맛을 내야 합니다. 정체성만 가지고 있다 해서 가치가 부여되는 것이 아닙니다. 쓰임새가 있을 때 가치가 부여되는 것입니다.

우리는 여기서 한 가지 깨달음을 얻습니다. 생김새와 짜임새도 중요하지만, 쓰임새는 더욱 중요하다는 것입니다. 생김새와 짜임새는 연단의 과정에 속합니다. 이 과정은 커피콩이 자기를 깨뜨리는 것처럼, 은과 금이 정제되는 것처럼 인내의 과정입니다. 연단을 통해 생두는 원두가 되고, 은과 금은 순금과 순은이 됩니다. 그러나 그것으로 끝나는 것이 아닙니다. 원두는 음료가 되어야 합니다. 순금과 순은은 상품이 되어야 합니다. 구원받은 사람은 세상 속에서 빛과 소금이 되어야 합니다.

중요한 것은, 아무리 완벽하게 볶은 원두라 하더라도 커피 찌꺼기가 음료에 남아있다면 그 커피는 좋은 커피가 아니라는 것입니다. 아무리 좋은 원두라 하더라도 한 번 내려진 후의 원두는 찌꺼기일 뿐입니다. 좋은 커피는 원두의 흔적이 남은 커피가 아닙니다. 원두의 좋은 성분만을 머금은 커피가 좋은 커피입니다. 원두가 음료에 섞여 들어가면 그로 인해 원두의 나쁜 성분까지 음료에 녹아듭니다. 이것은 기분 나쁜 쓴맛, 탄맛, 담뱃재 같은 냄새로 나타납니다. 그러니 원두는 음료에 흔적을 남겨서는 안 됩니다.

연단된 그리스도인이 세상의 빛과 소금으로 살아가는 것이 이와 같습니다. 내가 드러나는 것이 아닙니다. 연단을 통해 창조 때부터 내 안에 보존되어 있던 그리스도의 향기를 뿜어내게 되었다면, 이제는 내 안에 계신 그리스도만 드러내는 것입니다.

"내가 그리스도와 함께 십자가에 못 박혔나니 그런즉 이제는 내가 사는 것이 아니요 오직 내 안에 그리스도께서 사시는 것이라 이제 내가 육체 가운데 사는 것은 나를 사랑하사 나를 위하여 자기 자신을 버리신 하나님의 아들을 믿는 믿음 안에서 사는 것이라"

갈라디아서 2:20

5 에스프레소 변주곡(Espresso Variation)

혹시 에스프레소를 드셔본 적이 있으신가요? 드셔본 적이 있으신 분들은 두 부류로 나누어집니다. 에스프레소가 무엇인지 알고 드신 분, 에스프레소가 무엇인지 모르고 드신 분이지요. 알고 드셨다면 전혀 문제가 없습니다. 하지만 에스프레소가 무엇인지 모르고 주문했다면 마시기 전부터 상당히 큰 고민거리를 안겨줍니다. 생각지도 못한 작은 잔에 커피가 담겨 있기 때문입니다. 처음 카페에 가서 커피를 주문할 때를 생각해봅시다. 얼마나 어려웠어요? 에스프레소, 아메리카노, 카페라테, 카라멜 마끼아토, 카페 모카 등등 생소한 용어로 가득합니다. 제가 처음 에스프레소를 경험하던 날이 떠오릅니다. 그때 저는 홍대 라이브클럽에서 인디밴드를 하고 있었는데, 새로운 맴버를 영입할 때의 일입니다. 연주 실력은 그렇다 치고 뜻이 맞는지 대화를 하기 위해 찾아간 곳이 카페입니다.

그런데 저는 그때 고등학생이었고, 카페 문화를 전혀 모를 때였습니다. 메뉴판을 받아서 보는데 도대체 아는 용어가 없었습니다. 더욱 난감한 것은 음료 하나가 엄청 비싸다는 것이었습니다. 용돈을 받아서 생활하는 고등학생에게는 상당히 큰 금액이었으니까요. 그래서 아무것도 모른 채 가장 싼 음료를 시킨다고 한 것이 에스프레소입니다.

돈이 아까워서 에스프레소를 주문하는 모습으로 보이기는 싫어서 원래도 에스프레소를 즐겨 마시는 척하면서 시켰습니다. 그런데 나온 음료를 보고 굉장히 놀랐습니다. 제가 생각했던 에스프레소는, 시중에 파는 커피 음료 중 에스프레소라고 적혀 있는 달콤한 음료입니다. 그런데 제 앞으로 배달된 음료는 매우 작은 잔에 시커먼 물이 아주 조금 담겨 있었습니다. 그걸 원래도 잘 마시는 척하면서 마시려니까 아주 곤혹이었습니다. 한 입을 들이키는데 혀에 닿자마자 온몸으로 전해지는 쓴맛이 너무도 짜릿했습니다. 인생의 '쓴맛이라는 게 이런 것이겠구나.' 하는 생각이었지요. 설탕을 붓고 또 붓고…. 그렇게 에스프레소를 겨우겨우 마셨습니다. 덕분에 그날 무슨 대화를 나누었는지는 하나도 기억나지 않습니다.

에스프레소가 가장 싼 이유가 있었지요. 왜냐고요? 다른 것은 일절 타지 않은 것이 에스프레소이기 때문입니다. 재료비가 가장 적게 들고 제조 과정도 가장 단순하기 때문에 상대적으로 싸게 팔 수밖에 없습니다.

이탈리아 사람들은 에스프레소를 많이 즐기지만, 전 세계적으로 봤을 때 에스프레소를 마시는 사람은 그리 많지 않습니다. 그러다 보니 에스프레소의 맛을 중화하기 위해 이것저것 다른 재료를 섞는 사람들이 생겨났습니다. 미국 사람들은 에스프레소에 물을 섞어서 아메리카노를 만들어 냈습니다. 아메리카노는 이제 우리나라에서도 대단히 친숙해진 커피이지요. 유럽에서는 우유를 섞어서 카푸치노를 만들었습니다. 프랑스어로는 카페오레, 스페인어로는 카페 콘 레체 라고 부르는 메뉴입니다. 미국에서는 카페라테가 되었지요. 한편, 커피를 마시면서 조금 더 단맛을 느끼고 싶은 사람들은 에스프레소에 초콜릿 시럽을 넣기도 했습니다. 여기에 우유와 생크림에 거품을 낸 휘핑크림을 얹은 음료가 바로 카페 모카입니다. 카페에 갔을 때 쓴맛이 싫고 커피 맛도 나면서 달달한 음료를 드시고 싶으시면 설탕을 달라, 시럽을 달라 하지 마시고 그냥 카페 모카를 시키시면 됩니다.

이렇듯 에스프레소에 무언가를 조합해서 다른 음료를 만들어내는 것을 에스프레소 비리에이션(Espresso Variation)이라고 합니다. 에스프레소는 커피 원액이고, 바리에이션은 '변화', '변형', '변주곡'이라는 뜻을 가진 영어 단어입니다. 에스프레소를 가지고 변형된 다른 음료를 만들어낸다 해서 붙은 이름입니다. 이 모습이 마치 변주곡과 같습니다. 변주곡은 특정한 주제를 여러 가지로 변형해서 연주하는 기법입니다. 그래서 저는 에스프레소 바리에이션을 에스프레소 변주곡이라는 말로 바꾸어 보았습니다.

그런데 간혹가다가 이런 질문을 하는 분들이 있습니다. "저 많은 커피 중에 뭐가 제일 맛있어요?" 답이 없는 질문이지요. 에스프레소 아니면 안 먹는 사람들도 있고, 어떤 사람은 무조건 카페라테를 마십니다. 아메리카노만을 선호하는 분들도 있고, 카페 모카, 카푸치노를 선호하는 분들도 있습니다. 제일 맛있는 커피는 무엇이냐고요? 그날의 기분과 상태에 따라 취향이 달라지기 마련입니다. 그래서 그날 어울리는 커피가 가장 맛있는 커피입니다. 옳고 그름의 문제, 등급의 문제가 아니라는 것입니다.

여기에서 중요한 것이 있습니다. 이 음료들이 커피가 되기 위해서는 반드시 에스프레소가 필요하다는 것입니다. 에스프레소가 빠진다면 이 음료들은 더 이상 커피라고 할 수 없습니다. 그냥 다른 음료에 불과하지요. 커피를 단순히 맛 때문에 마시는 경우도 있지만, 일종의 각성제로 취급해 마시는 경우도 있습니다. 커피에 들어있는 카페인이 각성제 역할을 하기 때문입니다. 하지만 커피 원액인 에스프레소가 빠진다면 그 음료가 무슨 각성을 일으킬 수 있겠습니까? 그냥 단 음료, 우유 맛이 나는 음료에 불과합니다.

신약성경에 보면 고린도 교회에 보내는 편지가 있습니다. 고린도전서와 고린도후서라고 부르지요. 그중에서 고린도전서 12장 4절을 보면 이렇게 적혀 있습니다.

"은사는 여러 가지나 성령은 같고"

고린도교회는 다양한 사람이 모인 교회였습니다. 지역 자체가 유대인보다 헬라인이 더 많았고, 교회 역시 마찬가지였습니다. 또한 로마제국의 많은 지역으로부터 이주해온 이방인도 많았습니다. 거기에 고린도교회의 구성원들은 사회적 계층마저 천차만별이었습니다. 하층민은 물론 귀족도 있고, 자유인, 노예, 노예였다가 자유인이 된 사람도 있었습니다. 물론 하위 계급의 사람들이 훨씬 많았지만, 어쨌든 고린도교회의 문턱은 그리 높지 않았습니다. 그러니 고린도교회를 특징할 수 있는 좋은 단어는 바로 다양성입니다.

다양한 사람이 모이면 반드시 문제가 생깁니다. 각자 다른 삶을 살고 있기 때문입니다. 가령 아르바이트생과 점주가 교회에서 최저임금에 대해서 이야기를 한다면, 동일한 생각을 가지고 말을 할 수 있을까요? 당연히 아니지요. 아르바이트생 입장에서는 최저시급이 올라가야 합니다. 하지만 점주 입장에서는

58

부담이 될 수밖에 없습니다. 이런 대화를 하지 않으면 된다고 할 수 있지만, 사람이 모인 곳에서 이상적인 대화만 나눌 수 있을까요?

고린도교회는 이런 갈등이 참 많은 곳이었습니다. 그런데 여기에 더해서 은사에 대한 갈등까지 생겨납니다. 다양한 사람이 있다 보니 은사도 다양하게 나타났습니다. 어떤 사람은 말씀을 전하는 일로 쓰임 받고, 어떤 사람은 병 고치는 은사를 받았습니다. 또 어떤 사람은 귀신을 쫓기 등 특수한 능력을 행하기도 하고, 어떤 사람은 예언을 합니다. 영을 분별하는 사람도 있고 방언을 말하는 사람과 그 방언을 통역하는 사람도 있습니다. 바울이 고린도전서에 이 정도만 나열했다고 해서 은사가 이것만 있는 것은 아니지요. 이보다도 더 다양한 은사가 있습니다. 문제는 고린도 교인들이 자기들이 받은 은사를 자랑하고 경쟁했다는 것입니다.

말씀을 전하는 분 중에서도 지혜의 말씀을 잘 전달하는 목사님이 있고, 지식의 말씀을 잘 전달하는 목사님이 있습니다. 성령 사역을 하시는 분도 있습니다. 여기에 우선순위가 있습니

까? 아닙니다. 맡겨진 사명이 다른 것일 뿐입니다. 어떤 분은
병을 고치는 은사를 받았습니다. 방언으로 기도하는 분도 있
고 그렇지 않은 분도 있습니다. 목회자에게만 해당하는 말이
아닙니다. 신앙인 모두에게 해당하는 말입니다. 그런데 고린도
교회에 발생한 문제는 자기가 받은 은사만 최고라 말하는 사
람들이 있었다는 것입니다.

병 고치는 은사를 받은 사람이 그렇지 않은 사람에게 "너는
병도 못 고치잖아! 너는 성령의 사람이 아니야!"라고 말하면,
그것이 옳은 말입니까? 방언으로 기도 못한다고 기도하는 사
람이 아닙니까? 모세가 베드로에게 "바보같이 물에 빠지기나
하냐? 그냥 물 가르고 건너가면 될 걸!"이라고 이야기하는 것
을 상상이나 할 수 있습니까? 직분도 마찬가지입니다. 이것이
오늘날의 집사, 권사, 장로 등의 직분을 말하는 것은 아닙니다.
섬김의 모습을 말하는 것이 직분입니다.

우리의 교회에도, 또 우리의 직장에도, 우리의 가정에도 각
자가 맡은 역할은 다양합니다. 그런데 내가 섬기는 부서, 내가
섬기는 기관, 내가 섬기는 사역만 최고라고 말할 수가 있겠습

니까? 당연히 아니지요. 놀랍게도 고린도교회에서는 그런 일이 일어나고 있었습니다.

바울이 이에 대해 이렇게 말합니다.

> "은사는 여러 가지나 성령은 같고, 직분은 여러 가지나
> 주는 같으며, 또 사역은 여러 가지나 모든 것을 모든 사람
> 가운데서 이루시는 하나님은 같으니, 각 사람에게 성령을
> 나타내심을 유익하게 하려 하심이라"
>
> 고린도전서 12:4-7

무슨 말입니까? 다양한 모습이 있지만 그 안에는 같은 성령, 같은 주님이 계시다는 것입니다.

에스프레소 변주곡이 아메리카노, 카페라테, 카라멜 마끼아또, 카페 모카 등 다양한 모습으로 사람들에게 다가가는데 그 핵심은 무엇입니까? 바로 에스프레소입니다. 어떤 커피는 단맛이 강하고, 어떤 커피는 고소하고, 어떤 커피는 쓴맛이 강하지만 그 안에 옳고 그른 것은 없으며 크고 작은 것도 아닙니다.

에스프레소 바리에이션은 커피라는 음료를 더 많은 사람이 누리기 위해 생겨난 방법입니다. 단맛이 조금 덜 난다고 해서, 우유의 맛이 좀 덜하다 해서 에스프레소를 빼버린다면 주객전도입니다. 그것은 더 이상 커피가 아닙니다.

은사도 마찬가지입니다. 우리는 같은 주님을 전하고 같은 성령을 전합니다. 다만 주님을 전하는 방법이 다를 뿐입니다. 주님이 필요에 따라서 은사를 주시고 사명을 맡겨주셨을 뿐입니다. 그런데 은사 자체를 자랑한다면, 그것이 얼마나 큰 문제이겠습니까?

병 고치는 은사를 받은 사람이 있다고 해서 병원이 사라졌습니까? 아니지요. 병 고치는 은사를 받았다고 해서 그 사람의 직업이 의사인 것은 아닙니다. 게다가 무슨 만병통치약처럼 그 사람만 찾아가면 모든 병이 다 고쳐지는 것도 아닙니다. 병이 고쳐지는 것은 성령의 역사입니다. 내가 이 사람의 병을 고쳐주고 싶다고 해서 고치는 것이 아니라, 성령께서 이 병을 통해 역사하시고자 하는 바가 있을 때 치유가 일어난다는 것입니다. 이 사실을 잊은 채 마치 자신이 무슨 마법을 부릴 능력

62

이 있는 것처럼 착각해서는 안 됩니다.

다른 은사도 마찬가지입니다. 성령이 빠진 은사는 더 이상 은사라고 말하지 않습니다. 그것은 단지 마술일 뿐입니다. 성령이 빠지면 사도행전 8장 9절에 나오는 마술사 시몬과 다를 바가 없습니다. 직분은 어떻습니까? 주님이 빠진 섬김은 단지 일에 불과합니다. 교회에서 일을 하고 계십니까? 아니면 섬기고 계십니까? 직분이라는 것 때문에 우리가 주님을 섬기고 있다는 사실마저 잊어서는 안 됩니다. 우리가 하는 모든 일이 주님을 섬기기 위한 일이라는 사실을 항상 기억해야 합니다.

주님께서 사람에게 성령을 나타내신 이유는 고린도전서 12장 7절에 나와 있듯이 '유익하게 하려 하심'입니다. 성령께서 각각의 사람에게 주어진 은사를 통해 역사하시는 것은 한 개인에게 권위를 부여하기 위한 것이 아닙니다. 교회를 굳건하게 세워나가기 위해 성령께서 자신을 나타내신 것입니다.

사역에는 우선순위가 없습니다. 그것이 주님이 맡겨주신 일이라면 모든 사역이 0순위입니다. 우리 교회에도 다양한 사람이 모여 있습니다. 각자가 맡은 직분도 다르고 받은 은사도 다

룹니다. 그러나 다양함 속에서 다름을 볼 것이 아니라, 우리는 그 안에 자리 잡은 닮음, 한 성령, 한 하나님, 한 주님을 바라보아야 합니다.

아메리카노, 카페라테, 카라멜 마끼아또, 카페 모카 등 다양한 음료가 기초로 자리 잡은 에스프레소로 인해 커피라는 이름으로 불리는 것처럼, 다양한 모습, 다양한 은사, 다양한 직분이 있지만 우리 안에 자리 잡은 한 주님, 한 성령으로 인해 우리가 성도라고 불리길 바랍니다. 그리고 성도들이 모였기에 외적으로 드러나는 다양함이 더욱 많은 이에게 복음을 증거하는 성령의 역사가 되길 바랍니다.

6 필터를 거쳐서

우리에게 가장 익숙한 커피는 믹스커피입니다. 한국의 자랑이기도 하지요. 커피, 설탕, 프림이 얼마나 완벽하게 배합되어 있습니까? 뜨겁게 마셔도 좋지만, 냉커피로 마시면 또 별미입니다. 간혹 어떤 분들은 제가 하도 커피 이야기를 하니까 저는 원두커피만 마시고 믹스커피는 마시지 않는 줄 아시는데, 저도 믹스커피를 굉장히 좋아합니다. 건강만 생각한다면 믹스커피는 못 마시지요. 그런데 믹스커피 한 잔이 가져오는 만족감이 얼마나 대단합니까? 행복은 성적순이 아니라는 말이 떠오릅니다.

그런데 믹스커피가 낳은 아주 큰 오해가 있습니다. 믹스커피는 어떻게 마시지요? 물에 타서 마십니다. 믹스커피에 물만 넣고 저으면 되지요. 얼마나 간단합니까? 처리할 것이곤 쓰레기뿐입니다. 여기서 무슨 오해가 생깁니까? 바로 커피가 물에 녹는다는 오해입니다.

커피는 물에 녹지 않습니다. 믹스커피의 경우는 원두를 갈아 넣은 것이 아니라 추출한 커피 원액을 건조한 것이기 때문에 물에 녹는 것입니다.

그렇다면 원두를 갈아서 커피를 마시기 위해서 필요한 것이 무엇일까요? 바로 필터입니다. 커피메이커와 핸드드립 커피의 경우는 종이 필터와 융을 사용하고, 에스프레소 머신의 경우는 포터 필터라고 해서 스테인리스로 된 필터를 사용합니다. 필터의 역할은 무엇일까요? 커피 가루를 걸러내는 것입니다. 필터 없이 커피를 내린다면 그 커피에는 커피 가루가 잔뜩 들어갑니다. 물에 녹지 않는 가루이기 때문에, 이런 커피는 마시기가 굉장히 어렵습니다. 게다가 커피 가루가 물과 계속 접촉하면 카페인이 늘어납니다.

한 번 물과 만났던 커피 가루는 커피 찌꺼기라고 부릅니다. 찌꺼기는 더 이상 커피를 만들어낼 수 없습니다. 굳이 사용한다고 하면 방향제, 탈취제 정도로 사용할 수 있습니다. 괜히 아깝다고 여기에다가 물을 한 번 더 부으면 맛도 없고 나쁜 성분들만 잔뜩 들어간 정체불명의 음료를 마시게 됩니다. 하물며 커피 가루가 잔뜩 들어간 커피가 좋을 리가 있겠습니까? 필터가 필요한 이유가 바로 여기에 있습니다. 물론 커피가 함유하고 있는 카페인의 양은 한계가 있기 때문에 하염없이 늘어나는 것은 아닙니다. 하지만 굳이 최대치의 카페인을 마실 필요는 없다는 것입니다.

게다가 커피 가루의 식감이 그리 좋은 것도 아닙니다. 식감뿐만 아니라 커피 가루가 섞여 있는 음료를 벌컥벌컥 마시면 가루가 목에 걸려서 고생할 수도 있습니다. 그래서 필터가 필요한 것입니다.

필터는 내리는 커피에 찌꺼기가 들어가지 않도록 걸러주는 역할을 합니다. 커피의 성분은 내보내고 필요하지 않은 것은 걸러주는 것입니다. 그저 종잇장에 불과해 보이지만, 필터를 만드는 데에도 기술이 필요합니다. 적당한 시간에 물을 통과시켜야 하고, 이를 위해서 너무 얇지도, 너무 두껍지도 않아야 합니다. 너무 얇다면 물이 빨리 내려오기는 하겠지만 필터에 구멍이 뚫릴 수 있습니다. 반대로 너무 두껍다면 물이 제대로 내려오지 않겠지요. 별것 아닌 것 같지만, 필터 하나를 만드는 데에도 수많은 시행착오가 있었습니다.

스테인리스 필터도 마찬가지입니다. 종이 필터는 문제가 생긴다고 해도 쉽게 수습이 가능합니다. 하지만 스테인리스 필터는 에스프레소 머신에 사용하기 때문에 사소한 문제도 큰 상황으로 이어질 수 있습니다. 에스프레소 머신은 압력을 이용해서 커피를 추출합니다. 그런데 압력을 가하는 순간에 필터의 구멍이 그 압력을 버티지 못하고 더 크게 벌어진다면 어떻게 될까요? 커피 가루가 그대로 흘러 들어갑니다. 반대로 구멍을 지나치게 작게 만들어서 구멍이 다 막혀버린다면 어떻게 될까요? 문자 그대로 폭발이 일어납니다. 폭발하면 뜨거운 물이 터져 나오기 때문에 매우 위험합니다. 그렇기 때문에 많은 실험을 거쳐서 가장 적절하게 커피를 추출할 수 있는 규격으로 커피 필터가 생산됩니다.

필터의 모습은 점점 다양해지고 있다

이렇게 많은 시행착오를 거쳐 만들어진 커피 필터가 제 역할
을 할 때, 우리가 흔히 마시는 커피가 완성됩니다. 단순한 소
모품처럼 보이던 것이 실은 대단히 중요한 역할을 하고 있었다
는 것을 이젠 아시겠지요? 필터 덕분에 커피와 커피 찌꺼기가
구별됩니다. 커피는 컵으로, 찌꺼기는 쓰레기통으로 버려지는
것입니다.

마태복음 3장 말씀은 세례 요한의 설교를 담고 있습니다. 당시 세례 요한의 위치는 굉장했습니다. 어느 정도냐면 세례 요한을 메시야라고 생각하는 사람들도 있을 정도였습니다. 위세가 등등하지요. 하지만 세례 요한은 선을 딱 긋습니다.

> "나는 너희로 회개하게 하기 위하여 물로 세례를 베풀었거니와 내 뒤에 오시는 이는 나보다 능력이 많으시니 나는 그의 신을 들기도 감당하지 못하겠노라 그는 성령과 불로 너희에게 세례를 베푸실 것이요"
>
> 마태복음 3:11

내 뒤에 오시는 이가 누구이지요? 예수님입니다. 사람들은 세례 요한을 메시야라고 착각하고 있지만, 세례 요한은 스스로 자신의 정체성을 명확히 알았습니다. 또한 예수님이 진정한 메시야라는 것도 알았습니다. 그렇기 때문에 진정한 메시야 예수님에 대해 이야기할 때 "나보다 능력 많으신 분", "나는 그의 신을 들기도 감당하지 못하겠노라", "성령과 불로 너희에게 세례를 베푸실 분"으로 소개합니다. 자신은 낮추고 예수님을 높이는 것을 볼 수 있지요. 그런데 예수님에 대한 소개가 여기서 끝나는 것이 아닙니다.

"손에 키를 들고 자기의 타작 마당을 정하게 하사 알곡은 모아 곳간에 들이고 쭉정이는 꺼지지 않는 불에 태우시리라"

마태복음 3:12

세례 요한은 심판의 주로 오시는 예수님의 모습을 함께 소개하고 있습니다. 주님이 심판하시는 모습을 세례 요한은 곡식을 타작하는 모습으로 묘사하고 있습니다. 알곡은 곳간에 들이고 쭉정이는 꺼지지 않는 불에 태우신다는 것입니다. 알곡과 쭉정이를 분리하는 이유가 무엇입니까? 쭉정이는 아무 쓸모가 없기 때문입니다. 도리어 쭉정이가 알곡에 섞여 들어가면 상품 가치만 떨어집니다. 아무 쓸모가 없는 쭉정이는 남겨둘 필요조차 없습니다. 그렇기 때문에 불에 태워버립니다.

그런데 성경을 보면 그냥 불도 아닙니다. 영원히 꺼지지 않는 불입니다. 영원히 꺼지지 않는 불에 쭉정이를 태운다는 말은 그냥 태우는 정도가 아니라 형체조차도 남지 않을 정도로 잿가루로 만들어버리겠다는 말입니다. 그렇게 다 탔는데도 불이 꺼지나요? 그 불은 영원히 꺼지지 않는 불입니다. 영원한 형벌이지요.

그에 반해서 알곡은 어떻게 합니까? 알곡은 정성껏 모아서 곳간에 들입니다. 그렇다면 알곡과 쭉정이를 구분하는 필터는 무엇입니까? 바로 예수 그리스도입니다. 우리 예수님이 심판의 주로 오셔서 알곡만 걸러내고 쭉정이는 불에 태워버리십니다.

커피를 걸러내는 필터는 사람이 만든 것이기 때문에 시행착오도 많이 있고, 아무리 좋은 필터도 100% 완벽하다고 볼 수는 없습니다. 하지만 예수님은 어떻습니까? 예수님은 흠이 없으신 분입니다. 사람은 겉만 보고 판단하지만 예수님은 중심을 보시는 분입니다. 사람의 판단은 틀릴 수 있지만 예수님의 판단은 정확합니다. 이 예수님이 알곡과 같은 성도, 쭉정이와 같은 성도를 걸러내신다는 것입니다. 그렇다면 필터가 되신 예수님께 우리가 나아갈 때, 우리는 곳간에 들어갈 알곡입니까? 아니면 걸러져서 결국에는 태워지게 될 쭉정이입니까?

알곡과 쭉정이는 겉모습으로만 볼 때 판단하기 어렵습니다. 그렇지만 바람이 불 때 던져보면 쉽게 판단할 수 있습니다. 쭉정이는 속이 비었기 때문에 바람에 날아갑니다. 반면에 알곡은 도로 땅에 떨어집니다.

커피 가루에는 커피의 성분이 함께 들어있습니다. 그렇기 때문에 커피 가루에서 커피의 성분을 그냥 빼내는 것은 대단히 어렵습니다. 그렇지만 필터를 사용한다면 이야기가 달라집니다. 찌꺼기는 필터에 남고 마셔야 될 것만 컵에 담깁니다. 그런데 커피를 수확할 때는 커피와 찌꺼기를 구별하지 않습니다. 처음부터 필터가 필요한 것이 아니라는 말입니다. 필터가 언제 필요합니까? 필터는 커피를 마시려고 할 때 필요합니다. 이 점이 매우 중요합니다. 커피 농사를 왜 짓나요? 그동안 핸드픽도 이야기하고 로스팅도 이야기했는데, 이러한 과정이 왜 필요한가요? 커피를 마시기 위해서 농사를 짓는 것입니다. 커피를 마시기 위해서 핸드픽도 하고, 커피를 마시기 위해서 로스팅도 합니다. 커피가 진짜 커피 되는 때는 커피가 물을 만났을 때입니다. 그때 등장하는 것이 바로 필터입니다. 그동안은 함께 있어도 티가 나지 않았지만, 이제는 커피와 찌꺼기는 구별되어야 합니다. 그래야 커피는 커피가 됩니다.

성도가 진짜 성도가 되는 때는 천국을 만날 때입니다. 그런데 성도가 천국을 만날 때 필터가 등장합니다. 바로 예수님이 필터가 되십니다. 그분이 알곡과 같은 성도는 천국으로, 쭉정이와 같은 성도는 영원한 형벌로 보내십니다.

그 기준은 무엇입니까? 우리 예수님은 공생애를 시작하실 때 이렇게 외치셨습니다.

"회개하라 천국이 가까이 왔느니라"

회개와 천국이 함께 등장합니다. 무슨 말입니까? 회개하는 자에게 천국이 있다는 말입니다. 그런데 회개라는 단어는 헬라어로 메타노이아(μετάνοια)인데, 이 단어는 '뉘우치다', '후회하다', '반성하다' 등의 뜻과 함께 '마음을 바꾸다'라는 뜻도 있습니다. 무엇을 회개합니까? 죄를 회개합니다. 죄는 헬라어로 하마르티아($\acute{\alpha}\mu\alpha\rho\tau\acute{\iota}\alpha$)입니다. 이 단어는 본래 과녁에서 빗나간 상태를 의미하는 단어입니다. 그렇다면 과녁에서 빗나갔던 것을 다시 과녁에 맞추는 것이 회개입니다. 그럼 과녁은 무엇입니까? 사도행전 4장 12절은 이렇게 이야기합니다.

"다른 이로써는 구원을 받을 수 없나니 천하 사람 중에 구원을 받을 만한 다른 이름을 우리에게 주신 일이 없음이라"

그리고 우리 예수님은 요한복음 14장 6절에서 이렇게 말씀하셨습니다.

"내가 곧 길이요 진리요 생명이나 나로 말미암지 않고는 아버지께로 올 자가 없느니라"

과녁이 무엇입니까? 예수 그리스도입니다. 예수 그리스도가 아닌 다른 곳을 조준하고 있는 행위가 죄의 시작입니다. 조준만 한 게 아니라 활을 쏘아서 다른 곳을 맞추기까지 했다면 죄 가운데로 빠지고 만 것입니다. 회개는 무엇입니까? 잘못 맞춘 화살을 뽑아버리는 것입니다. 뽑아버리는 것으로 그치는 것이 아니라 다시 올바른 과녁을 조준하고, 올바른 과녁에 화살을 맞혀야 합니다. 예수 그리스도라는 과녁으로 내 삶이라는 화살을 맞히는 것, 이것을 다른 말로 믿음이라고 부릅니다. 예수 그리스도를 믿는 사람이 알곡과 같은 성도입니다. 예수 그리스도만 믿는 사람이 알곡과 같은 성도입니다. 그렇지 않은 사람은 쭉정이 같은 성도입니다. 그렇기 때문에 우리는 예수님만 믿어야 합니다. 예수님만 믿어야 삽니다. 예수 그리스도를 향한 믿음이 우리를 알곡 되게 만듭니다. 예수 그리스도를 믿는 믿음이 우리를 천국으로 인도합니다.

그런데 예수님이라는 필터는 보통 필터가 아닙니다. 우리가 지금껏 심판의 필터를 이야기했는데, 예수님은 심판의 필터만 되시는 것이 아니라 우리에게 은혜의 필터가 되어 주십니다. 우리가 아무리 예수님 믿고 산다고 해도 우리가 정말 그렇게 깨끗합니까? 죄 없이 살아가는 분, 계십니까? 있다고 해도 여기서 손을 드는 순간 교만의 죄가 생깁니다. 행동으로 하는 범죄는 별로 없겠지요. 하지만 마음으로 하는 범죄가 얼마나 많습니까? 미움, 다툼, 시기, 질투 등의 감정이 나도 모르게 생겨나지 않습니까? 직장 다니시는 분들, 직장에 가면 저 사람은 진짜 꼴도 보기 싫다고 생각하진 않으십니까? 따지고 보면 우리는 예수님을 믿는다고는 하지만 여전히 죄인입니다. 그래서 예수님의 은혜가 놀라운 것입니다. 다른 것은 보시지 않으시고 그저 믿음만 보시기 때문입니다. 온전한 믿음만 있다면 우리가 예수님이라는 필터를 통과할 수 있게 해주셨습니다. 이 필터는 보혈이라는 필터입니다. 보혈이라는 필터를 지날 때 우리의 죄는 다 깨끗하게 씻깁니다. 흰 눈보다 더 하얘집니다. 죄인의 모습을 내던지고 의로움을 입습니다. 자격을 갖추어서 의인이 아닙니다. 주님의 보혈이 우리의 모든 더러움을 덮는 것입니다. 그래서 은혜입니다.

쭉정이가 되지 맙시다. 알곡이 됩시다. 천국을 만나는 진정한 성도가 됩시다. 보혈의 은혜를 힘입은 의인이 됩시다. 필터

되신 예수 그리스도를 만날 때, 그 자리를 심판의 자리가 아닌 천국에 입성하는 구원의 자리로 만듭시다.

7 가장자리 1㎝

커피를 내리는 방법은 여러 가지가 있지만, 그중에서도 저는 핸드드립이라는 방식을 주로 이용합니다. 핸드드립이란 필터에 담은 커피에 주전자로 물을 부어서 내리는 방법입니다.

나선형으로 돌리면서 물을 붓는데, 여기서 중요한 것이 있습니다. 가장자리 끝 1㎝를 남기는 것입니다. 그런데 물을 붓다보면 커피의 모습이 마치 둑처럼 보입니다. 이 둑이 무너지지 않도록 물줄기를 잘 조절해야 합니다. 물을 너무 많이 부어서 넘쳐도 안 되고, 둑에다 물을 붓는 것 역시 안 됩니다. 커피 한 잔 마시기 참 까다롭지요?

사실 커피를 처음 내리는 사람들은 이 과정을 잘 이해하지 못합니다. 가장자리에 남은 것처럼 보이는 커피가 아깝다는 것이지요. 하지만 1cm를 남기는 것에는 다 이유가 있습니다. 커피를 내릴 때 찌꺼기가 섞이는 것을 방지하기 위해서 사용하는 것이 필터입니다. 주로 종이 필터를 사용합니다. 필터의 역할이 무엇이지요? 커피의 성분은 다 내보내고, 커피를 마시는 데 방해가 되는 이물질은 걸러내는 역할입니다.

가장자리 1cm를 남겨야 한다

그런데 욕심을 내서 가장자리까지 물을 부으면 어떻게 될까요? 넘쳐흐른 물이 종이를 타고 흘러내려갑니다. 커피를 거쳐서 와야 할 물이 종이만 거쳐서 내려오는 일이 생기는 것입니다. 커피가 맛있게 내려질까요? 물론 약간 넘치는 것은 큰 문제가 안 됩니다. 하지만 처음부터 끝까지 둑을 무너뜨리면서 내린 커피는 커피의 성분을 충분히 머금지 못합니다. 어딘가 부족한 커피가 되고 마는 것입니다. 같은 양의, 같은 원두로 커피를 내린다 해도 커피메이커로 내린 것과 핸드드립으로 내린 커피가 전혀 다른 맛을 내는 이유는 바로 이런 세밀한 부분을 조절하는 것과 조절하지 못하는 것의 차이입니다.

1㎝를 남기는 것만큼 중요한 일이 한 가지 더 있습니다. 바로 적당한 양을 내리는 것입니다. 커피 한 잔은 믹스커피 종이컵으로는 100㎖, 조금 더 큰 컵으로는 150~200㎖ 정도 됩니다. 원두의 양에 따라서 내리는 양 역시 달라지는데, 일반적으로 원두 10g에 100㎖라고 생각하시면 됩니다. 정량보다 적게 내리는 것은 별로 문제가 되지 않습니다. 하지만 간혹 커피를 많이 마시고 싶다고 해서 계속해서 물을 붓는 경우가 있습니다. 문제는 원두가 물과 접촉하는 시간이 늘어날수록 카페인 함량도 높아진다는 것입니다. 게다가 떫은맛까지 추가됩니다. 팁을

드리자면, 커피를 많이 드시고 싶은 분들은 정량만 추출하신 뒤 물을 따로 부으시기 바랍니다.

커피를 내리는 과정 중 두 가지 요소를 말씀드렸는데, 두 요소의 공통점이 무엇일까요? 바로 욕심을 버려야 한다는 것입니다. 욕심이 담긴 커피는 온전한 맛을 낼 수 없습니다. 맛만 별로면 차라리 다행인데, 욕심이 담긴 커피는 건강까지 해칩니다. 커피 한 잔 때문에 갑작스럽게 사망한다거나 하는 일은 없겠지만, 욕심이 담긴 커피를 지속적으로 마신다면 사망의 원인은 충분히 될 수 있습니다.

성경의 야고보서 1장 15절에 보면 욕심에 관한 말씀이 나옵니다.

"욕심이 잉태한즉 죄를 낳고 죄가 장성한즉 사망을 낳느니라"

너무나 유명한 말씀이지요? 그런데 이 유명한 구절은 대체 왜 등장했을까요? 야고보서에서 욕심은 시험과 연결됩니다.

13절을 보면 이렇게 나와 있습니다.

"사람이 시험을 받을 때에 내가 하나님께 시험을 받는다
하지 말지니 하나님은 악에게 시험을 받지도 아니하시고
친히 아무도 시험하지 아니하시느니라"

고난의 문제에 대해 성경은 몇 가지 이유를 제시합니다. 가장 먼저 고난의 문제는 죄와 연결됩니다. 죄로 인해 고난이 온다는 말입니다. 이런 이해가 가장 처음 등장한 것은 창세기 3장입니다. 아담과 하와가 죄로 인해 에덴동산에서 쫓겨나고, 이전에는 하지 않아도 되었던 수고와 아픔을 경험하게 되었다는 것은 죄로 인한 징벌로서의 고난으로 다가옵니다. 이러한 이해는 상당히 오랜 기간 이어졌습니다. 특히 신명기를 거치면서부터는 하나님을 잘 섬기면 복을 받고, 하나님을 잘 섬기지 못하면 벌을 받는다는 이원론적 사고가 중심을 이루었습니다.
그렇지만 모든 고난의 문제가 죄 때문은 아니라는 것을 이야기하는 성경이 있지요. 어떤 성경인가요? 바로 욥기입니다.

욥기에서 나타나는 고난은 죄인에게 주어지는 벌이 아닙니다. 의인 중에서도 의인이었던 사람, 그 정도가 어느 정도였냐면 하나님이 직접 "그와 같이 나를 경외하는 자가 없다."라고 인정해주실 정도의 사람이었습니다. 그랬던 욥에게 고난이 주어졌습니다. 그 고난의 강도는 매우 강했습니다. 욥과 같이 둘도 없는 의인을 시험하기 위한 고난이었으니 과연 감당할 수 있을까 싶을 정도의 심한 고난일 수밖에 없습니다. 모든 재산을 순식간에 다 잃었고, 재산을 잃었다는 소식을 미처 듣지 못했을 때 모든 자녀의 사망 소식을 들었습니다. 한 번의 고난도 굉장히 어려웠지만, 그 후에 고난이 또 밀려옵니다. 욥의 온몸에 종기가 났습니다. 이 엄청난 고난이 대체 왜 왔습니까? 이 문제를 놓고 욥과 친구들이 논쟁을 벌이는 것이 바로 욥기의 내용입니다.

욥의 친구들은 욥의 고난을 죄의 문제로 생각했습니다. 그들의 주장을 한마디로 요약하면 '죄 없이 망한 자가 누구인가?'입니다. 자신들의 눈앞에 그런 사람이 있다는 것은 전혀 생각도 못하고 있지요. 그러나 욥은 친구들의 그런 주장에 동의할 수가 없었습니다. 욥은 스스로 보기에도 하나님 앞에 온전했기 때문입니다. 설령 죄가 있다고 하더라도 이렇게 큰 벌을 받을 정도인가 생각해봤겠지요. 욥의 반박에 마땅히 대답하지도 못하면서도 고난의 문제를 죄 때문이라고 주장하는 친구들과 대화를 하면 할수록 스스로를 의인으로 여기는 실수를 범하는 욥의 입장은 점점 난항으로 빠집니다.

욥기를 읽다보면, 의인 욥은 점점 죄인으로 변합니다. 입술로 범죄를 저질렀기 때문입니다. 그렇다고 해서 "이것 봐라? 욥도 결국은 죄인이었네? 죄인이니까 고난을 받은 것이 맞지!"라고 해서는 안 됩니다. 욥의 고난은 욥기 1장과 2장에 나와 있는 대로 하나님의 시험이었기 때문입니다. 이 사실을 욥도, 욥의 친구들도 몰랐기 때문에 대화가 점점 산으로 갔던 것입니다.

결과적으로 고난의 문제가 죄의 문제 말고도 또 한 가지 원인이 있다는 것을 발견했습니다. 무엇입니까? 바로 하나님이 주시는 시험으로서의 고난이 있다는 것입니다.

고난을 하나님의 시험이라고 생각하는 견해 역시 상당히 오랫동안 이어졌는데, 특히 야고보서가 적힐 당시에 이러한 인식이 굉장히 강했습니다. 문제는 모든 고난이 하나님의 시험이라고 말할 수 있느냐는 것입니다. 그렇지 않지요. 처음에 말씀드렸던 것처럼 고난은 죄 때문에 찾아올 수도 있고, 욥의 경우처럼 하나님의 시험일 수도 있습니다. 그런데 야고보서는 전혀 뜻밖의 이야기를 전합니다.

> "사람이 시험을 받을 때에 내가 하나님께 시험을 받는다
> 하지 말지니 하나님은 악에게 시험을 받지 아니하시고 친
> 히 아무도 시험하지 아니하시느니라"

시험을 받는다고 해서 하나님께 시험을 받는다고 하지 말라는 것입니다. 그럼 대체 누가 시험을 준다는 말입니까? 우리가 흔히 시험에 든다는 표현을 사용하지요. 그런데 사실 생각해보면 시험에 드는 경우는 대부분 하나님 때문이 아닙니다. 사람때문에, 상황 때문에 시험에 들지요. "하나님은 악에게 시험을 받지 아니하시고 친히 아무도 시험하지 아니하시느니라"라는 말도 맞는 말입니다. 욥이 받은 시험도 엄밀히 말하면 하나님

이 친히 주신 시험이 아니라 사탄이 시험해보자고 해서 위탁하신 시험이기 때문입니다. 그런 점에서 우리가 흔히 마귀 역사라고 말하는 것도 맞는 말입니다.

그렇지만 우리가 받는 모든 고난이 다 마귀 역사는 아닙니다. 야고보서 1장 14절은 이렇게 말합니다.

"오직 각 사람이 시험을 받는 것은 자기 욕심에 끌려 미혹됨이니"

시험의 원인이 누구에게 있지요? 야고보서는 시험의 원인이 자기 자신에게 있다고 말합니다. 욕심 때문에 시험에 빠진다는 것이지요. 야고보서가 적힐 당시, 사람들은 자꾸 모든 것을 하나님 탓으로 돌렸습니다. 무슨 일만 생기면 다 하나님이 주시는 시험이라고 생각을 했습니다. 좋게 말해서 하나님이 주시는 시험이지, 나쁘게 말하면 모든 고난이 하나님 때문에 생겼다고 핑계를 댔다는 것입니다. 자기가 잘못한 것조차 하나님 탓으로 돌리는 사람들이 넘쳐났기 때문에, 야고보서 기자는 하나님 탓을 하지 말라고 편지를 썼습니다. 당하는 고난에 하나님 핑계를 댔지만, 사실은 그 모든 일은 당신들이 부린 욕심 때문이라는 것이지요.

시험 중 가장 힘든 시험이 무슨 시험일까요? 남이 낸 문제를 푸는 것은 어려운 시험이 아닙니다. 오히려 내가 스스로 만든 구덩이에 빠지는 것이야 말로 어려운 시험입니다. 남이 낸 문제는 그 문제를 낸 사람이 답을 알고 있으니 모르면 해답이라도 알려 달라 할 수 있지만, 내가 스스로 만든 문제에 빠진다면 어떻습니까? 내가 답을 알지 못하면 이 문제는 누구도 해결해줄 수 없습니다. 마치 내가 어렵게 설정해놓은 비밀번호를 잊어버린 것과 같은 상황이지요.

그런데 스스로 시험에 빠지게 된 이유는 무엇이지요? 야고보서는 그 이유를 자기 욕심에 끌려 미혹되었기 때문이라고 말합니다. 욕심이 원인입니다. 대개 욕심을 부리는 경우는 그 욕심을 남에게 드러내나요? 드러내는 욕심은 욕심도 아닙니다. 진짜 욕심은 드러내지도 않지요. 왜냐고요? 남에게 알려지면 나한테 돌아올 이익이 적어지기 때문입니다.

어린이들이 부르는 찬양 중 '천국은 마치'라는 찬양이 있습니다. 천국은 마치 밭에 감춰진 보화와도 같다는 주님의 비유를 가지고 만든 찬양입니다. 이 찬양 가사를 보면 '그 보석 발견한 사람은 기뻐 뛰며 집에 돌아가 집 팔고 땅 팔고 냉장고 팔아 기어이 그 밭을 사고 말거야'라는 내용이 나옵니다. 보석의 가치가 너무 좋기 때문에 모든 것을 다 팔아서 그 밭을 사도 훨씬 더 이익이라는 것이지요. 이 보석이 있는 곳을 남에게 알려 주나요? 아닙니다. 그럴 이유가 전혀 없지요.

그런데 이런 상황이 오면 어떨까요? 보석이 있는 땅을 샀습니다. 보석이 있다는 사실은 그 누구에게도 알리지 않았습니다. 보석을 꺼내기 위해 땅을 파기 시작합니다. 그런데 땅을 파는 것에만 몰두하다 얼마나 깊이 들어왔는지는 생각을 못합니다. 그 사이 해는 지고 말았습니다. 나가야 하는데 땅을 너무 깊게 파서 혼자서는 도저히 나갈 수 없는 상황이 되었습니다. 소리를 질러보고 도와달라고 해도 아무에게도 알리지 않았기 때문에 들을 사람이 없습니다. 결국 보석을 발견하고 보석을 캐내긴 했지만, 빠져나오지를 못해서 금은보화를 써보지도 못하고 그 자리에서 쓸쓸하게 죽음을 맞이합니다.

너무 극단적인 상황을 가정했나요? 그래도 한 번 생각해보자는 것입니다. 이 사람이 구덩이에 빠진 것은 누구 때문입니까? 보석을 묻은 사람 때문입니까? 하나님 때문입니까? 아니면 땅을 판 자기 자신 때문입니까? 스스로 판 구덩이에 스스로 빠진 것입니다. 욕심이 스스로를 구덩이에 빠지게 한 것입니다.

커피 이야기를 하다가 여기까지 왔습니다. 너무 멀리 왔나요? 다시 가장자리 1㎝ 이야기를 해보도록 하지요.

1㎝의 가장자리를 남기지 않는 커피는 상품 가치가 현저하게 떨어집니다. 더 많이 마시겠다고 정량을 초과해서 내린 커피 역시 건강을 해칩니다. 욕심을 채우자고 마시는 커피를 나쁘게 만드는 것입니다. 그런데 만일 커피로 장사를 하는 사람이 이런 식으로 장사를 한다면 어떻게 되겠습니까?

그럴 의도까지는 없었겠지만, 그 카페를 찾아오는 사람들의 건강을 해치고, 결국에는 사망의 원인까지 제공하는 결과를 낳고 맙니다.

"욕심이 잉태하여 죄를 낳고 죄가 장성한즉 사망을 낳느니라"

그런데 욕심과 열정은 구별해야 합니다. 욕심과 열정은 방향의 문제입니다. 커피를 가지고 이야기했으니 카페를 예로 들어볼까요? 좋은 커피를 맛있고, 건강하게 내리고, 카페를 더욱 번창시키기 위해서 새로운 메뉴도 개발하고, 여기저기 홍보도 많이 하는 것은 열정입니까, 욕심입니까? 열정입니다. 그런데 커피 한 잔 팔 때 원가절감을 하겠다고 커피를 정량으로 내리지도 않고, 실수로 원두를 바닥에 엎었는데, 그걸 그대로 주워다가 혹 털어서 사용하고, 유통기한이 지난 재료도 아까우니 그대로 사용한다면 이것은 열정입니까, 욕심입니까? 욕심입니다.

이렇게 욕심을 부린 카페는 단기적으로 봤을 때 원가절감을 했으니 당장의 수익은 늘어납니다. 하지만 이 카페가 오래 갈 수 있겠습니까? 얼마 안 되어서 망하고 말겠지요.

"욕심이 잉태하여 죄를 낳고 죄가 장성한즉 사망을 낳느
니라"

무언가를 새롭게 시작할 때, 누구나 새로운 다짐을 함께 품
습니다. 하지만 새로운 다짐을 품은 지 얼마 지나지 않은 시점
에 벌써 고난이 닥쳐오지 않았습니까? 우리가 겪는 어려움이
죄로 인한 것일 수도 있습니다. 그렇다면 회개가 정답입니다.
하지만 우리가 겪는 어려움이 하나님이 주신 시험이라면, 그
시험을 이겨내야 합니다. 하나님이 주신 시험이니 하나님께 해
답을 구해야 합니다.

그런데 우리가 겪는 어려움이 혹여 나의 욕심 때문에 발생
한 것은 아닙니까? 열정이라고 생각해왔던 것이 사실은 나의
욕심이진 않았습니까? 열정과 욕심은 큰 차이가 있는 것이 아
닙니다. 단지 방향이 잘못되었기 때문에 열정이 욕심이 되는
것입니다. 그렇다고 한다면 잘못된 방향을 다시 올바른 방향
으로 돌려야 합니다. 그리고 욕심이었던 것도 열정으로 바꿀

수 있어야 합니다. 욕심은 우리를 사망으로 인도하지만, 열정은 우리를 형통의 길로 인도합니다. 욕심은 우리를 신기루로 인도하지만, 열정은 우리를 오아시스로 인도합니다. 욕심과 열정 사이에서 어떤 선택을 하시겠습니까?

가장자리 1㎝를 남기는 지혜가 우리 삶 속에 있길 바랍니다.

8 카페 콘 레체(café con leche)

스페인에는 카페 콘 레체(café con leche)라는 커피가 있습니다. 카페 콘 레체는 카페라테의 스페인어입니다. 제가 카페 콘 레체를 맛보게 된 것은 산티아고 순례길을 걸을 때였습니다. 정확히는 걷기 시작한 지 이틀째였습니다. 사실상 순례길에 오른 직후이지요. 아침 일찍 나와서 걷기 시작하는데 앞에 표지판이 있는 겁니다.

'산티아고 790㎞'

'아, 이제부터 790㎞를 더 걸어가야 하는구나.'라는 생각을 함과 동시에 주위에 사진을 찍어줄 사람이 있는지 찾았습니다. 마침 다른 사람이 걸어오고 있어서 사진을 찍어달라고 부탁했습니다. 그리고 자연스럽게 그분과 같이 걷게 되었습니다. 브라질에서 온 슈베르토라는 분입니다.

그분과 함께 걷다가 작은 마을을 지나게 되었고, 거기서 처음으로 카페를 들어가 보았습니다. 사실 여행 전에 카페 콘 레체에 대한 이야기를 많이 들었습니다. 먼저 순례길을 다녀온 사람들이 아침마다 카페 콘 레체를 마셨다고 했기 때문입니다. 그러나 직접 확인한 것은 아니기 때문에 일단 다른 사람들이 무엇을 주문하는지 지켜봤습니다. 들은 말이 사실이었습니다. 함께 간 슈베르토 씨를 포함해서 대부분의 사람이 카페 콘 레체를 주문하는 겁니다. 그래서 저도 카페 콘 레체를 주문했습니다. 슈베르토 씨는 함께 준 설탕 한 봉지를 다 붓더니 한참을 젓고 나서야 마시기 시작했습니다. 저도 슈베르토 씨가 하는 것을 그대로 따라서 마셨습니다.

작은 시골 마을의 카페에서 대단한 맛을 기대하지는 않았습니다. 실제로 바리스타라고 말하기도 애매한 주인아저씨는 대충 우유 거품을 내서 커피 위에 부어주었습니다. 정성이 없다고 할 수는 없지만, 그렇다고 해서 대단히 공을 들였다는 느낌도 들지 않았습니다. 커피에 무슨 일가견이 있다는 느낌도 받지 못했습니다. 생각해보면 순례길이 아니라면 가보지도 못했을 마을이고, 심지어 지금 이 글을 쓰는 지금은 이름조차 기억나지도 않는 마을입니다. 이런 작은 시골 마을에서, 한눈에 보기에도 대충 만들어서 파는 커피에다가 무슨 대단한 맛을 기대할 수 있겠습니까? 그런데 놀랍게도 이 카페 콘 레체가 너무 맛있는 겁니다.

그 이후로 저는 카페라테에 맛을 들였습니다. 저는 원래 우유를 전혀 좋아하지 않았는데, 우유가 들어간 커피를 찾아서 마시기 시작했습니다. 한국에 돌아와서도 카페라테는 참 많이 마셨습니다. 산티아고 순례길 덕분에 새로운 맛에 눈을 뜬 셈입니다.

그런데 더 정성스럽게, 더 전문적으로 만든 카페라테를 참 많이 마셔봤지만 그때 슈베르토 씨와 마셨던 카페 콘 레체의 감동은 느껴지지 않습니다. 참 이상하지요. 객관적으로 볼 때는 그때 마신 커피의 맛이 절대 더 좋을 수 없습니다. 그런데도 기억은 그 맛을 최고로 여기는 것입니다. 무엇이 그때, 그

카페의 콘 레체를 최고의 맛으로 기억하게 만드는 것일까요?

상황이 중요합니다. 배낭을 멘 채 걷고 있었고, 특히 그날 아침에 '산티아고 790㎞'라는 표지판을 본 상황. 그날의 짐은 이상하게 더 무겁게 느껴졌습니다. 게다가 걷기 시작한 지 이틀째였기 때문에 몸이 미처 적응도 되지 않았지요. 그런 상황에서 맛본 카페 콘 레체입니다. 음료 자체가 최고여서 최고의 맛을 느낀 게 아닙니다. 커피를 마시는 때와 상황이 그 커피를 최고의 맛으로 만들어주었던 것입니다.

카페 콘 레체   이름도 기억나지 않는 카페

지금까지 저는 좋은 커피와 나쁜 커피도 이야기하고, 커피를 어떻게 해야 더 맛있게 내릴 수 있는지도 이야기했습니다. 그러나 그것은 커피를 내리는 입장에서의 이야기입니다. 이제는 커피를 마시는 사람의 입장에서 생각을 해보도록 하지요.

커피의 맛을 결정하는 것은 객관적인 부분과 주관적인 부분이 있습니다. 앞서 다루었던 핸드픽, 로스팅, 필터링, 가장자리 1㎝를 남기는 것 등은 객관적인 맛을 결정하는 요소들이었습니다. 그러나 커피 맛은 그렇게 객관적이지만은 않습니다. 가령 제 아버지는 믹스커피를 좋아하십니다. 원두커피도 드시긴 하지만 거의 보리차에 가까운 수준으로 연하게 드십니다. 아버지에게 아무리 비싸고 좋은 커피를 잘 내려드린다고 해도, 조금만 진하게 내려드리면 아버지는 그 커피를 드시지 못합니다. 너무 쓰다고 말씀하시지요.

커피를 내리는 사람이 아무리 맛있게 커피를 내린다고 해도 마시는 사람의 상황을 고려하지 못한다면 그 커피는 누군가에게 최악의 커피가 될 수 있습니다. 결국 커피의 맛을 최종적으로 결정하는 것은 커피를 마시는 사람의 입맛인 셈입니다. 입맛뿐만 아니라 조금 전에 이야기했듯이 상황도 중요합니다. 예를 들어 사람이 많이 몰리는 출근 시간대에는 맛보다 신속함이 커피의 가치를 더 높여줍니다. 아무리 맛있게 내려도 시간이 너무 오래 걸려서 지각하게 만든다면 그 커피에 좋은 평가를 내리기는 어렵습니다. 맛보다도 신속함과 정확함이 좋은 평가를 가져오는 것입니다.

결국 커피의 맛을 최종적으로 결정하는 것은 재료나 바리스타의 능력이 아니라 마시는 사람의 상황이라는 것을 알 수 있습니다. 나에게는 최고의 커피가 남에게는 최악이 될 수도 있고, 남에게는 최악의 커피가 나에게는 최고의 커피가 될 수도 있습니다. 상황이 그렇게 만드는 것입니다. 최고의 커피는 어떤 커피입니까? 때에 맞는 커피가 최고의 커피입니다.

'적절함'에 대해 생각을 하다 보니 지혜를 담고 있는 성경인 잠언의 말씀이 떠오릅니다. 잠언 15장 23절에 보면 이런 내용이 있습니다.

"사람은 그 입의 대답으로 말미암아 기쁨을 얻나니 때에 맞는 말이 얼마나 아름다운고"

잠언 15장은 말에 대해 이야기합니다. 분노를 쉬게 하는 말이 있는 반면에 분노를 끌어올리는 말이 있습니다. 지식을 전파하는 입술이 있는 반면에 더러운 입술이 있습니다. 사람을 살리는 말이 있는 반면에 사람을 죽이는 말이 있습니다. 말 자체가 문제라기보다는, 그 말의 쓰임새에서 문제가 발생합니다. 아무리 옳은 말도 때에 맞지 않으면 틀린 말만도 못한 결과를 낼 수 있습니다. 도움을 주겠다고 말을 꺼냈다가 다툼만 하게 될 수도 있습니다. 같은 말도 적절하게 해야 양약이지, 때에 맞지 않는다면 사람을 죽이는 말이 될 수도 있습니다. 그래서 이야기하는 것입니다.

"때에 맞는 말이 얼마나 아름다운고"

슈베르토 씨와 함께 순례길에서 마신 카페 콘 레체는 여전히 저에게 최고의 커피로 자리매김하고 있습니다. 가장 좋은 커피였기 때문이 아니라 그때 가장 적절한 커피였기 때문입니다.

'적절함.' 어쩌면 우리에게 가장 큰 무기이지 않을까요? 모든 사람이 어떤 분야에서 최고가 될 수는 없습니다. 아무리 상향 평준화한다고 해도, 따지고 보면 일등부터 꼴등은 정해지기 마련입니다. 그렇지만 석차가 성공을 가르는 요소가 될 수는 없습니다. 쓰임 받는 사람은 결국 필요할 때 필요로 하는 능력을 갖춘 사람이기 때문입니다. 중요한 것은 능력 자체가 아닙니다. 때에 맞게 능력을 발휘하는 것이 중요합니다.

연애를 예로 들어서 생각해도 그렇습니다. 모두가 잘생기고 예뻐서 연애하는 것은 아니지 않습니까? 외모를 점수로 만들고 순위를 내서 만나는 것이 아닙니다. 그렇다고 해서 능력을 도표화해서 짝을 정하는 것도 아닙니다. 내 마음과 상대방의 마음이 합치할 때 관계가 이어지는 것입니다. 그리고 사랑에 빠지면 상대방이 어떻게 보이지요? 가장 잘생긴 사람으로 보이고, 가장 예쁜 사람으로 보입니다. 소위 콩깍지가 끼었다고 하지요. 실제로 외모가 뛰어난 것이 아닙니다. 내 마음이 사랑하니까 눈에도 그렇게 보이는 것입니다.

그런 점에서 '적절함'은 우리에게 가장 좋은 무기이지 않을까요? 누구에게나 기회는 있습니다. 누구에게나 때가 있습니다. 그때를 선용한다면 누구나 최고가 될 수 있습니다. 최고여서 최고가 아닙니다. 적절함이 최고로 만들어주는 것입니다.

하나님이 나를 이렇게 만들어놓으신 것은 다 이유가 있습니다. 남들과 똑같이 만들지 않으시고 각각의 개성을 지닌 사람으로 만들어 놓으셨지요. 이것은 사람을 등급으로 나눈 것도 아니고 석차대로 나눈 것도 아닙니다. 좋고 나쁨은 더더욱 아니지요. 모두가 다른 모습을 가지고 있다는 것은, 각자를 향한 하나님의 계획이 다 다르다는 것을 의미합니다. 이 말은 모두가 동일한 때에 쓰임 받는 것이 아니라 하나님이 쓰시는 때가 다 다르다는 것을 뜻합니다.

그렇기 때문에 내가 아직 때를 만나지 못했다고 해서 초조해할 필요가 없습니다. 주님은 정하신 때에 가장 적절한 방법으로 나를 사용하십니다. 문제는 내가 그때 준비되어 있느냐는 것입니다.

제가 이름도 기억나지 않는 마을에서 마신 카페 콘 레체를 최고의 커피로 기억할 수 있었던 근본적인 원인은, 그 이른 시간에 카페의 주인이 카페를 열고 영업을 했기 때문입니다. 최고의 능력을 준비해야 하는 것이 아닙니다. 주님은 내 모습 그대로 사용하십니다. 이를 위해 필요한 것은 가게 문을 열고 성실하게 일하는 것입니다. 주님이 사용하시고자 할 때 깨어있는 자가 되어야 합니다. 그리고 마침내 때를 만났을 때, 내 모습 그대로 온전하게 사용되는 것입니다. 주님이 때에 맞게 사용하심으로써 최고가 되는 경험을 했다면, 인생의 끝자락에서 살아온 날을 돌아볼 때 더할 나위 없다고 말할 수 있지 않을까요?

9 커피의 쓴 맛

커피는 무슨 맛일까요? 믹스커피의 달콤한 맛을 접하다가 처음으로 원두커피를 접하는 분들은 대체적으로 커피의 맛을 '쓴맛'으로 정의합니다. 이 말이 맞습니다. 커피의 맛을 이루는 중요한 요소는 쓴맛입니다. 커피콩의 종류에 따라 신맛, 단맛, 짠맛 등의 맛이 부각되는 경우도 있지만, 커피를 처음 접하는 사람들의 입에는 그저 쓴맛에 불과합니다.

저는 커피를 오랫동안 마시다 보니 이제는 열대과일 향도 느낄 수 있고, 심지어 딸기 향이 느껴지기도 합니다. 레몬 향을 느낀 적도 있고, 어떤 경우는 거의 요거트에 가까운 커피를 마신 적도 있습니다. 그렇지만 처음부터 커피의 맛을 다양하게 느꼈던 것은 아닙니다. 제가 커피를 처음 마실 때 느꼈던 맛 역시 쓴맛입니다. 맛있다고 느꼈던 것도 아닙니다. 단지 카페인 효과를 보기 위해서 마셨을 뿐입니다.

그런데 어느 순간 커피 맛이 느껴지더군요. 나중에는 쓴맛을 조금이라도 더 진하게 맛보기 위해 에스프레소 샷을 더 추가하거나, 원두 중에서도 쓴맛이 강한 원두를 일부러 선택해서 마시기도 했습니다. 쓴맛을 느낄 만큼 느끼고 나니까 커피의 다른 맛이 느껴졌습니다. 물론 이것은 저의 주관적인 경험입니다. 모든 사람이 이런 절차로 커피의 맛을 느끼는 것은 아닙니다. 다만 저는 그랬다는 것입니다.

커피의 맛을 느끼기 시작했을 때 깨달은 것이 있습니다. 한국의 커피인 중에서도 1세대라고 할 수 있는 박이추 선생이 이렇게 말했습니다.

"커피는 죄가 없소."

이 말이 딱 맞습니다. 커피는 죄가 없습니다. 커피는 그냥 커피일 뿐입니다. 맛이 달라진 것도 아니고, 커피는 그냥 커피 맛일 뿐입니다. 달라진 것은 내 입맛이지요. 내 입맛에 따라 커피는 그저 기분 나쁜 쓴맛일 때가 있고, 다양한 맛을 가진 맛있는 음료일 때가 있습니다. 결국 중요한 것은 내 입맛입니다.

마가복음 2장에 보면 예수님이 세리, 죄인들과 더불어서 식사를 하시는 장면이 나옵니다. 이를 보고 바리새인들과 서기관들은 예수님의 제자들에게 어떻게 세리, 죄인들과 함께 식사를 할 수 있느냐며 핀잔을 줍니다. 이 소리를 예수님이 들으시고 이렇게 말씀하십니다.

> "예수께서 들으시고 그들에게 이르시되 건강한 자에게는 의사가 쓸 데 없고 병든 자에게라야 쓸 데 있느니라 나는 의인을 부르러 온 것이 아니요 죄인을 부르러 왔노라 하시니라"
>
> 마가복음 2:17

예수님이 이 땅에 오신 이유는 거룩한 사람들만 구원하시기 위함이 아닙니다. 예수님은 천대받고 외면당하는 이들까지도 구원하시기 위해 이 땅에 오셨습니다. 그래서 주님의 은혜는

'Grace'가 아닌 'Amazing Grace'입니다. 구원 받을 만한 사람들만 구원하시는 은혜가 아닙니다. 구원 받을 수 없을 것 같은 사람들까지도 구원하시는 은혜, 바로 나를 구원하시는 은혜가 주님의 은혜입니다.

주님을 커피로 비유한다면 최상급 원두에 좋은 물, 최고의 바리스타가 할 수 있는 최선의 방법을 동원해 내린 최고의 커피입니다. 엄밀히 말하면 재료 자체가 이 세상의 재료가 아니지요. 그런데 모든 사람이 예수님을 반기지는 않았습니다. 앞에서 아무리 좋은 커피도 입맛과 상황에 따라 평가가 달라진다고 했지요? 예수님에 대한 평가 역시 마찬가지였습니다. 바리새인들과 서기관들에게 예수님은 눈엣가시였습니다. 마땅히 반박하지도 못하면서 그저 예수님이 율법을 어긴다고 생각했고, 더 나아가서는 예수님이 신성모독을 한다고 생각했습니다. 구원자로 오신 예수님이 그들의 입맛에는 쓰디 쓴 커피였던 것입니다. 그들은 예수님의 맛을 몰랐습니다. 그들의 입장에서 예수님은 그저 독극물처럼 여겨졌기 때문입니다.

반면 세리와 죄인들은 어떻습니까? 예수님이 세리, 죄인들과 더불어 식사하시기 전에 이런 일이 있었습니다.

> "또 지나가시다나 알패오의 아들 레위가 세관에 앉아 있는 것을 보시고 그에게 이르시되 나를 따르라 하시니 일어나 따르니라"

예수님이 다른 말씀을 하신 것도 아닙니다. "나를 따르라" 한마디 하셨는데, 그 말에 세리라는 직업, 사람들로부터 지탄받기는 하지만 부유함이 보장되는 직업을 버리고 그 즉시 예수님을 따랐습니다. 그에게는 부유함이나 넉넉함보다 예수님이 필요했던 것입니다. 인생을 쓰디 쓴 맛으로 느끼며 살아가던 이들에게 다가온 예수님은 쓴맛이 아니었습니다. 그들의 인생을 위로해주는, 인생에 있어 최고의 가치를 가진 맛으로 다가왔습니다.

이 일이 있은 후에 레위의 집에서 예수님이 세리, 죄인들과 함께 식사를 하신 것입니다. 그 자리가 어떠했겠습니까? 세리와 죄인들이 행복해하는 모습이 보이지 않습니까? 그들은 예수님의 맛을 알았습니다. 그들에게는 예수님이 너무나도 절실히 필요했기 때문입니다.

그런데 이 이야기를 읽으면서 이런 의문이 들었습니다. 세리와 죄인들이라는 표현이 과연 적절한 표현인가 하는 것입니다. 따지고 보면 죄인 아닌 사람이 어디 있겠습니까? 바리새인은 의인입니까? 서기관들은 의인입니까? 사실 알고 보면 모두가 죄인인데 자기가 죄인인 줄도 모르는 사람이 태반입니다. 커피에는 문제가 없는데 내가 배부르다보니, 내 입에 쓰다 보니 사실 최고의 커피를 앞에 두고 있으면서도 최악의 커피라고 받아들이는 것입니다.

문제는 커피에 있는 것이 아니라 나에게 있음에도 모든 탓을 커피 탓으로 돌리고 있는 모습. 어쩌면 예수님을 대하는 나의 모습은 아닙니까? 사실은 누구보다 예수님이 필요한데, 예수님을 쓴맛으로 받아들이고 있는 것은 아닐까요?

10 커피를 내리는 방법

제가 처음 커피를 내리기 시작했던 때는 2010년입니다. 그때만 해도 우리나라에 소개된 커피를 내리는 방법은 그리 많지 않았습니다. 기껏해야 핸드드립, 사이폰, 모카포트, 에스프레소머신 등의 추출 방법이었지요. 사실 다른 방법이 없던 것은 아닙니다. 가장 오래된 추출 방식인 터키식 추출 방식도 있었고, 베트남식 추출 방식도 있었고, 그 외에도 다양한 방법이 있었습니다. 하지만 별로 주목받지 못했습니다. 대부분의 카페는 에스프레소머신을 이용한 추출 방법을 사용했고, 간혹 핸드드립 카페가 있었습니다.

그런데 어느 순간, 더치 커피가 트랜드로 자리 잡았습니다. 더치 커피는 네덜란드풍 커피라고 해서 붙여진 이름입니다. 더치 커피의 유래에 대한 정설은 없지만, 꽤 신뢰도 있는 가설을 소개하겠습니다.

인도네시아가 네덜란드의 식민지이던 시절, 아시아에서 유럽으로 커피를 운반하는 데에는 대단히 많은 시간이 소요되었습니다. 당시의 운반 방법은 선박을 이용한 운반이었는데, 네덜란드의 선원들이 장기간 항해 도중 커피를 마시기 위해서 고안한 방법 중 하나라는 것입니다.

사실 커피는 뜨거운 물로 내리는 것이 정석입니다. 실수로 커피에 차가운 물을 부어보신 분도 계시지요? 그런데 차가운 물을 부으면 어떤가요? 물이 잘 안 떨어집니다. 커피가 물을 잘 머금지도 않을뿐더러, 마치 배수구가 막힌 것 같은 상황이 연출됩니다. 그래서 커피는 당연히 뜨거운 물로 내리는데, 뜨거운 물로 내린 커피의 문제는 빨리 산화된다는 것입니다. 시간이 지나면 맛이 없어질 뿐 아니라 건강에도 그다지 좋을 것이 없습니다. 한마디로 추출한 커피는 보관이 어려웠습니다.

그런데 선원들도 커피를 마시고 싶었을 것 아닙니까? 그러다 보니 커피의 산화를 최대한 늦출 수 있는 방법을 찾았습니다.

커피는 뜨거운 물과 만나고 식는 과정에서 가장 많이 산화되는데, 이 과정을 없애는 방법은 차가운 물로 커피를 내리는 것이었습니다. 그런데 차가운 물을 그냥 들이부으면 위에서 말했듯이 배수구가 막힌 것처럼 됩니다. 물이 커피를 오래 머금어서 좋을 것은 없다는 이야기도 지난 챕터에서 했지요? 그들은 이 문제를 어떻게 해결했을까요? 더치 커피(Dutch Coffee)가 바로 이 문제의 해결사로 등장했습니다. 차가운 물을 시차를 두고 한 방울씩 떨어뜨리는 방식으로 약 24시간 동안 추출을 한 것입니다. 이렇게 하면 커피가 굉장히 진하게 추출되는데, 이것을 다시 물에 희석하는 방식으로 커피를 마셨습니다.

차가운 물로 커피를 내렸기 때문에 산화도 늦춰졌고, 결과적으로 이 방법은 선원들이 커피를 마실 수 있도록 도와주었습니다.

더치 커피의 유래를 보고 어떤 생각이 드셨나요. 더치 커피가 최상의 맛을 내기 위한 커피인가요? 그렇지 않지요. 어디까지나 보관에 초점을 맞춘 커피가 더치 커피입니다. 더치 커피

는 영어로 콜드 브루(Cold brew) 혹은 워터 드립(Water Drip)이
라고 하는데, 오늘날에도 유통과정에서 커피의 맛을 보존하기
위해 흔히 사용하는 방법입니다.

　그런데 더치 커피가 한국에 들어올 때 희귀한 이름으로 변형
되었습니다. '커피의 눈물'이라는 표현을 사용하더군요. 우리나
라 사람들의 네이밍 센스는 대단합니다. 보관을 목적으로 개
발된 추출 방법이 한국에서는 커피의 눈물로 포장되었고, 마치
더 고급 커피인 것처럼 취급되었습니다. 덕분에 한동안은 더치
커피만을 판매하는 카페도 있었습니다. 지금은 거의 찾아보기
힘들지만요. 추출 시간이 거의 24시간이다 보니 희소성이라는
측면은 충족하지만, 추출 시간이 길다고 해서 그 자체로 고급
이라고 할 수는 없습니다. 그저 커피를 내리는 하나 중 방법일
뿐이니까요.

　더치 커피의 유행이 지난 후에는 자연스레 다른 추출 방법이
대세를 이루었는데, 그중 하나가 프렌치프레스입니다. 그리고
프렌치프레스와 유사하지만 더 유명한 방식인 에어로프레스가
있습니다. 에어로프레스는 2005년도에 개발된, 비교적 최근에

출현한 추출 방식입니다. 월드 에어로프레스 챔피언십(World Aeropress Championship)이 열릴 만큼 주목받는 추출 방식이기도 합니다. 하지만 우리나라를 기준으로 한다면, 최근 몇 년간 가장 많은 사람에게 보급된 방식은 캡슐 커피라고 해도 과언이 아닐 것입니다. 이처럼 커피의 추출 방식이 참 다양해졌습니다.

사실 2010년이나 지금 이 글을 쓰는 2020년이나 커피를 추출하는 방식 중에서 가장 대중적인 방식은 에스프레소머신을 이용하는 것입니다. 거의 모든 카페가 에스프레소머신을 사용하고 있지요. 그러나 추출 방식이 커피의 등급을 나누는 것은 아닙니다. 당연히 추출 방식 자체에 등급이 있는 것도 아닙니다.

에스프레소머신이 아무리 대중적이라고 해도, 가정에서 사용한다면 관리하기가 어렵습니다. 그러다 보니 가정에서 주로 사용하는 방식은 캡슐 커피입니다. 조금 더 커피에 빠져 있는 분이라면 핸드드립 도구를 사용하기도 하지요. 그런데 야외에서 커피를 추출해야 한다면 어떤 방식을 사용하는 것이 좋을까요? 일단 밖에 나간다고 할 때 가장 중요한 것은 편의성입니다. 그런 점에서 에스프레소머신은 이미 탈락입니다. 캡슐 커피는 간단하지만 반드시 전기를 필요로 합니다. 또한 캡슐 머신이 생각보다 크기 때문에 휴대성과는 거리가 멉니다. 한편 핸드드립은 챙겨야 할 도구도 많고 너무 번거롭지요. 사이폰이나 모카포트는 버너가 없다면 아예 사용이 불가능하니 이미 논외입니다.

이제 남은 것은 몇 개 없지요? 먼저 더치 커피를 생각할 수 있는데, 더치 커피를 미리 내려놓고 이를 텀블러 등에 담아가서 물에 희석해서 마시는 방법이 있습니다. 간단하고 좋지요. 또 다른 방법은 프렌치프레스와 에어로프레스입니다. 두 가지 방식 모두 아웃도어를 겨냥해서 만든 방법입니다. 도구도 작고, 간단하게 커피를 추출할 수 있기 때문에 야외에서 사용하기에 적절한 방법입니다.

다양한 커피 추출 방식은 각각 적합한 용도가 있다는 것을 알 수 있습니다. 물론 카페 중에는 핸드드립 카페도 있고, 에어로프레스를 이용해서 커피를 내리는 카페도 있고, 심지어는 캡슐 커피를 파는 카페도 있습니다. 사이폰을 전문으로 취급하는 카페도 있지요. 이것은 무엇을 뜻할까요? 지금까지 나온 커피 추출 방법은 모두 상업적인 목적으로 활용할 수 있을 정도로 훌륭한 방법이라는 말입니다.

커피를 내리는 방식이 커피를 고급으로 만들거나 저급으로 만들지 않습니다. 물론 내리는 방식의 특성이 커피의 맛에 반영될 수는 있습니다. 그러나 그것은 추출 방식에 따른 특성 차이일 뿐입니다. 다름은 틀림이 아닙니다. 차이는 존중해야 하는 것이지, 무엇 하나가 우위를 점할 수 있는 것이 아닙니다. 오히려 차이로 인해 커피는 자신이 낼 수 있는 모든 맛을 낼 수 있습니다.

다양성에 대해 생각해봅니다. 우리가 흔히 성경을 볼 때 오류가 없다는 말을 합니다. 하지만 성경을 읽다 보면 서로 다른 이야기가 나오는 경우가 있습니다. 가령 창세기에는 대홍수 이야기가 나오지요. 노아가 만든 방주에 노아의 가족과 동물들이 탑승했습니다. 그런데 동물은 암수 몇 쌍씩 탑승했을까요? 창세기 6장 19절에 의하면 한 쌍입니다. 그러나 7장 1~5절은 정결한 짐승은 암수 일곱, 부정한 짐승은 암수 둘입니다. 여기까지만 보면 방주가 완성된 후에 조금 더 구체화된 것이 아니냐고 할 수 있겠지만, 7장 9절부터 나오는 이야기는 다시 암수 한 쌍입니다. 무엇이 옳은 것일까요? 정답은, 옳고 그름의 문제가 아니라는 것입니다.

홍수 심판이 끝나고 방주에서 나온 노아와 그의 가족이 가장 처음 한 행동은 제단을 쌓고 하나님께 예배를 드린 것이었습니다. 이때 짐승을 잡아서 제물로 드렸는데, 여기에 사용한 짐승은 당연히 정결한 짐승입니다.

그런데 만약에 모든 동물이 암수 한 쌍씩만 들어갔다면, 제사 이후에 한 동물은 짝이 없어집니다. 더 이상 번식을 할 수 없는 상황이 되는 것입니다. 사실상 멸종이지요. 그렇다고 하면 방주에 정결한 짐승은 일곱이 들어가는 것이 맞습니다. 대부분의 동물은 암수 한 쌍이지만 정결한 동물만큼은 일곱 마리인 것입니다. 이를 세 쌍과 한 마리로 구분하는 견해가 있는데, 이를 뒷받침하는 좋은 근거입니다.

또한 이렇게 본다면 부정한 동물의 암수 둘은 한 쌍이라고 볼 수 있습니다. 그렇다면 퍼즐이 맞추어졌지요. 대부분의 동물은 암수 합쳐서 둘씩 탔지만, 정결한 짐승은 암수 합쳐서 총 일곱 마리가 탄 것입니다.

모순되는 구절처럼 보이지만 알고 보니 어떤가요? 서로 다른 설명이 성경을 보다 더 입체적으로 볼 수 있도록 도와줍니다.

성경에는 이런 부분이 여러 곳에서 나타납니다. 예수님의 행적을 이야기하는 복음서만 봐도 네 개나 있지 않습니까? 그리고 네 개의 복음서는 천편일률적으로 동일한 이야기를 하지 않습니다. 사건의 순서를 다르게 배열하기도 하고, 같은 이야기를 다르게 전하기도 합니다. 이를 두고 어떤 사람들은 성경이 모순덩어리라고 비판하기도 합니다. 하지만 이것은 모순으로 바라볼 것이 아닙니다. 네 개의 복음서는 각각의 관점이 있습니다. 또한 복음을 전하는 대상도 다릅니다. 그러다 보니 같은 이야기도 관점과 대상에 맞춰 조금씩 다르게 전하는 것입니다. 그래서 복음서는 사진보다는 그림에 가깝다고 이야기합니다. 복음서 기자라는 화가가 자신이 바라본 예수님을 그린 그림이라는 것입니다.

네 가지 복음서가 다 다르다고 해서 예수님의 이야기가 거짓이 되는 것은 아닙니다. 집단지성의 힘이라고 하지요? 만일 한 명이 예수님에 대해 기록했다면 우리는 단 한 명의 기자가 바라본 관점에만 의지해 예수님을 알아야 했을 것입니다. 하지만 네 개의 복음서가 있기에 우리는 복음서의 말씀들을 더욱 생생하게 접할 수 있습니다.

다름은 옳고 그름의 문제가 아닙니다. 차이를 존중하다 보면 다름 속에 닮긴 닮음을 발견할 수 있습니다. 바로 그때 다양성은 2D를 3D로, 3D를 4D로 바꾸어줍니다. 커피를 내리는 여러 가지 방식이 커피가 가지고 있는 모든 가능성을 열어주듯이 말입니다.

우리 사회에는 수많은 다양성이 존재합니다. 그러나 안타깝게도 차이를 다름으로 존중하기보다는 틀림으로 치부하고 서로 싸우는 모습이 너무나도 많이 보입니다. 기도 가운데 "하나된 마음으로", "합심하여", "합력하여" 등의 내용이 항상 들어가지만, 사실은 앞에 수식어가 숨어있지요.

"다른 사람들이 내 생각에 맞추어서 하나 된 마음으로"

"다른 사람들이 나와 합심하여"

"다른 사람들이 나와 합력하여"

나와 다른 사람들에게 내가 맞출 생각은 하지 않고, 오로지 내가 생각하는 것을 다른 사람들도 따라주기를 원하는 것입니다. 이 기도가 이루어질 수 있겠습니까? 하나님은 그렇게 일방적인 기도를 들어주시겠습니까?

다름은 틀림이 아닙니다. 그러니 다름에서 닮음을 발견해보는 것이 어떻습니까? 사실 적이 아닌데 누군가를 적대시하고 있지는 않습니까?

이럴 때 로마서 8장 28절의 말씀을 떠올려보는 것은 어떨까요?

"우리가 알거니와 하나님을 사랑하는 자 곧 그의 뜻대로 부르심을 입은 자들에게는 모든 것이 합력하여 선을 이루느니라"

11 카페 쉐카(Cafe הקש)

커피를 본격적으로 마시기 시작했을 때, 생각지도 못한 문제에 직면했습니다. 다름 아닌 커피값이 너무 많이 나가는 것이었습니다. 그때는 커피가 맛있다고 하는 카페가 있으면 어떻게든 찾아다니면서 커피를 마시곤 했는데, 그런 카페들은 커피 한 잔에 5,000원이 넘어가는 경우가 많았습니다. 지금이야 커피값으로 5,000원 쓰는 것을 그리 어렵게 생각하지 않지만, 10년 전만 해도 저의 신분은 학생이었습니다. 용돈을 받아 생활하는 입장에서 커피값으로 나가는 5,000원은 상당히 부담스러웠습니다. 더 큰 문제는, 커피가 너무 좋아서 하루에 한 잔 이상 마시는 경우도 있었다는 것입니다. 어느 순간 보니 밥값을 제외한 나머지 돈이 전부 커피값으로 나가더군요.

나름대로 고민을 했습니다. '어떻게 하면 커피값을 줄일 수 있을까?' 그리고 고민 끝에 생각해낸 것이 커피를 집에서 내려서 마시는 것이었습니다. 마침 그해 생일 선물로 받은 것도 핸드드립 도구 세트였습니다. 제가 핸드드립 커피를 내리기 시작한 것은 바로 이때부터입니다.

그때부터 저의 관심사는 카페가 아니라 원두 판매처였습니다. 좋은 원두를 조금이라도 싸게 파는 곳을 찾아다녔습니다. 종류도 한 가지가 아니라 다양한 종류로 구비해 두고, 그때그때 입맛에 따라 커피를 마셨습니다.

이렇게 하면 지출이 조금 줄어들 것이라 생각했는데, 어찌 된 일인지 지출은 오히려 늘어났습니다. 더 맛있는 커피를 마시겠다고 좋은 원두를 사고, 혼자만 마신 것이 아니라 친구들을 자취방으로 불러서 커피를 내려주다 보니 오히려 지출이 더욱 커진 것입니다. 그래서 다시 고민했습니다. '어떻게 하면 원두 값을 줄일 수 있을까?'

계속 고민하고 있던 찰나, 원두를 주문하려고 인터넷 쇼핑몰에 들어갔다가 눈에 띄는 메뉴를 발견했습니다. '생두, 그러니까 볶지 않은 커피콩을 말합니다. 생두를 판매하는 메뉴가 보여서 들어갔더니 원두에 비해 가격이 확연히 싼 것을 볼 수 있었습니다. 속으로 유레카를 외쳤습니다. 원두로 살 때는 200g, 조금 더 비싼 원두의 경우는 100g 정도 살 수 있는 가격에 생두는 1kg을 살 수 있으니 얼마나 대단한 발견입니까? 커피값을 획기적으로 줄일 수 있는 방법을 찾았다고 생각했습니다.

그런데 문제가 있지요. 커피를 어떻게 볶느냐는 것이었습니다. 커피를 볶기 위해서는 로스터기가 필요합니다. 지금은 가정용 로스터기가 상당히 다양하고 저렴한 것들도 있지만, 당시만 해도 가정용 로스터기는 대단히 드물었습니다. 있다고 해도 원하는 대로 로스팅을 하기는 어려웠습니다. 로스팅을 할 수 없다면 커피를 직접 볶아서 커피 값을 줄여보겠다는 계획은 실현할 수 없습니다.

그러던 중 인터넷 포털사이트에 홈 로스팅 카페가 있는 것을 발견했습니다. 가입해보니 생각보다 많은 사람이 홈 로스팅을 하고 있는 것이었습니다. 이 사람들은 어떤 도구를 사용하고 있나 살펴보았습니다. 어떤 사람은 직접 로스터기를 만들어서 사용하기도 하고, 어떤 사람은 시중에 나와 있는 제품을 사용하기도 했습니다. 그러나 진정 눈에 띄는 부류의 사람들이 있었으니… 바로 수망이나 프라이팬을 이용해 로스팅을 하는 사람들이었습니다.

프라이팬은 이미 집에 있으니 따로 도구를 구하지 않아도 되는 로스팅 방법이었습니다. 하지만 결과물을 보니까 아무래도 원두가 균일하게 볶아지지 않았습니다. 구조적으로 한계가 있었지요. 게다가 커피를 볶을 때 '은피'라고 부르는 껍질이 벗겨지는데, 커피를 조금만 많이 볶아도 은피가 프라이팬에 가득해지고, 결과적으로 로스팅이 어렵다는 단점이 있었습니다. 그래서 관심을 가지고 살펴본 방법이 수망 로스팅입니다.

수망 로스팅은 손목의 스냅을 요구합니다. 수망에 생두를 넣고 가스 불 위에서 계속 수망을 흔들어야 하기 때문입니다. 특성상 직화일 수밖에 없고, 조금만 가만히 있어도 커피콩이 타게 됩니다. 그래서 수망 로스팅의 핵심은 수망을 계속 흔드는 것에 있습니다. 게다가 무작정 흔들면 커피가 제대로 섞이지 않기 때문에 균일하게 볶을 수 없었습니다. 따라서 흔들 때에도 커피가 잘 섞이도록 신경을 써야 합니다. 그런 점에서 난이도가 꽤 높다고 할 수 있지요.

하지만 저는 드럼을 치고 있었기 때문에 손목 스냅에 자신이 있었습니다. 그래서 과감하게 로스팅을 시도하기로 마음먹고 수망과 생두를 주문했습니다. 그리고 첫 로스팅을 시도했습니다.

첫 로스팅은 성공이라 할 수 없었습니다. 그러나 실패라고 할 수도 없었습니다. 시행착오가 있던 것에 비해 결과물이 꽤 괜찮았기 때문입니다. 그렇게 시작한 수망 로스팅은 몇 번의 시행착오를 겪으면서 굉장히 많이 발전했습니다. 카페에서도 균일하게 잘 볶는다고 인정받을 정도였기에 나름의 자부심도 생겼습니다.

당시만 해도 카페에서 직접 커피를 볶는 로스터리 카페가 흔하지 않았고, 홈 로스팅을 시작해서 그 결과까지 그럴듯하다 보니 "이 동네에서는 우리 집 커피가 제일 맛있다!"라는 자화자찬까지 하게 됐습니다. 그 결과 홈 카페지만 이름을 지어야겠다고 마음먹기에 이르렀습니다.

수망로스팅   수망로스팅 결과

이왕 짓는 이름인데 멋있게 짓고 싶었습니다. 마침 그때 히브리어를 배우고 있었고, 괜히 히브리어로 이름을 짓고 싶어서 히브리어 사전을 펼쳐 보았습니다. 그러다가 발견한 단어가 쉐카(שקה)입니다. 이 단어의 뜻은 '마실 것을 공급하다'입니다.

구약성경에서 쉐카라는 단어가 사용된 구절은 71개입니다. 많이 쓰인 만큼 쓰임새도 굉장히 광범위합니다. 주로 사용되는 뜻을 보면 '적시다', '마시게 하다', '물을 대다'입니다. 이 단어가 좋은 의도로 사용될 때는 목마른 사람이나 동물에게 물을 마시게 하고, 또 농사를 위해 물을 공급할 때입니다. 좋고 나쁨을 평가할 수 없는 경우도 있습니다. 단지 사실의 나열일 경우입니다. 가령 창세기에 보면 에덴에서 흘러나온 물이 땅을 적시고 네 개의 강을 이루는 장면이 나오는데, 여기에서 "땅을 적시다"에 해당하는 말이 쉐카입니다.

그런데 나쁜 의도로 쉐카가 사용될 때도 있습니다. 창세기 19장 33~34절에는 롯의 두 딸이 자기 아버지에게 포도주를 마시게 하고 아버지와 동침해서 자손을 이어나가는 이야기가 나옵니다. 상당히 충격적인 행동이지요. 그렇게 나은 자식이 모압과 벤암미입니다. 공교롭게도 모압의 후손은 후에 모압 족속을 이루었고, 벤암미의 후손은 암몬 족속을 이루었습니다. 이두 민족은 구약성경에서 끊임없이 등장하는데, 이들은 하나님을 섬기지 않고 우상을 섬겼습니다. 또한 족보상으로는 이스라엘과 형제 관계이지만 실질적으로는 이스라엘을 곤경에 빠뜨리는 나라였습니다. 만일 롯의 두 딸이 아버지에게 포도주를 마시게 하지 않았더라면, 여기에서 쉐카가 빠졌더라면 역사는 많이 달라졌을 것입니다.

같은 쉐카이지만 그 쓰임새에 따라 분위기가 많이 달라지는 것을 볼 수 있습니다. 성경에서도 그렇지만 우리 삶의 현장에서도 '마시게 하다'는 같은 단어일 뿐인데 앞에 무엇을 마시게 하느냐에 따라, 또 어떻게 마시게 하느냐에 따라 그 의도는 완전히 달라집니다.

카페 쉐카는 커피를 공급하는 곳입니다. 그리고 나 자신을 포함해서 방문한 사람들이 억지로 마시는 것이 아니라 즐겁고 행복하게, 맛있게 커피를 마셨으면 하는 바람을 담았습니다. 커피를 마시는 이유 중에는 카페인 효과를 얻고자 하는 것도 있습니다. 직장인들이 카페인을 수혈한다는 표현을 종종 사용하지요? 적당한 카페인은 각성 효과를 일으켜서 피로함을 잠시 잊게 만듭니다. 어떤 분들은 커피를 마시면 잠이 안 와서 마시지 않는다고 하는데, 바로 이 효과를 얻기 위해 커피를 마시는 사람도 있습니다. 그래서 밤샘 작업을 할 때는 커피가 필수처럼 여겨지지요.

선물용으로 포장한 커피의 모습, 스티커도 제작했다

　카페 쉐카를 통해 저는 커피를 공급하지만, 그 커피를 마시
는 사람들은 행복함을 얻고, 또 이왕이면 에너지도 얻어갈 수
있었으면 하는 것이 저의 마음이었습니다. 그리고 이것이 지금
도 제가 커피를 내리는 이유입니다.

　쉐카는 여전히 홈 카페입니다. 하지만 저희 집만이 쉐카인
것은 아닙니다. 제가 커피를 내리는 곳이 곧 쉐카입니다. 쉐카
를 오가는 사람들이 맛있는 커피, 기억에 남을 만한 커피를 마

실 수 있다면, 그것이 제가 커피를 통해 얻는 최고의 보람이지 않을까 생각해봅니다. 그런 의미에서 오늘도 계속해서 쉐카를 운영해봅니다.

12 커피, 이성을 깨우는 음료

음료를 마시는 장소는 크게 주점과 카페로 나누어 볼 수 있습니다. 물론 약수터와 같은 장소도 존재하지만, 그래도 주점과 카페가 양대 산맥이라는 것을 대부분은 동의하리라 생각합니다.

주점과 카페는 공통점과 차이점이 있습니다. 먼저 공통점을 보면 마실 것을 제공한다는 것입니다. 또한 식사 전에 가기보다는 식사 후에 가는 경우가 많습니다. 또 사람들이 만나서 대화를 나누기도 합니다. 그렇다면 차이점은 무엇입니까? 여러 차이가 있지만 결정적인 차이는 파는 음료가 다르다는 것입니다. 주점은 술을 팔고, 카페는 커피와 다른 음료를 팝니다. 다른 음료는 논외로 하고, 술과 커피로 나누어서 생각해보도록 하지요.

술은 알코올이 들어있습니다. 알코올을 계속 섭취하면 사람은 취하고 맙니다. 물론 주량이 굉장히 센 사람이 있지만, 아무리 주량이 세다고 해도 아예 취하지 않는 것은 아닙니다. 그런데 술에 취한 사람들의 특징 중 하나는 용기가 상승한다는 것입니다. 그러다 보니 목소리가 커지기도 하고, 평소에는 하지 못하던 주장을 하거나, 내면 속의 이야기를 꺼내기도 합니다. 반면에 커피는 어떻습니까? 커피는 카페인이 들어있습니다. 술을 마시면 정신이 혼미해지지만 커피를 마시면 정신이 더욱 맑아집니다. 술이 감성을 깨우는 음료라면 커피는 이성을 깨우는 음료인 셈입니다.

그런데 재밌는 것은, 커피를 마시면서도 목소리가 커진다는 것입니다. 카페에 앉아 있다 보면 조용했던 카페도 어느 순간 사람들의 목소리가 커지고 대화가 활발하게 이루어지는 모습을 볼 수 있습니다. 그러다가 또 어느 순간이 되면 다시 목소리가 작아지지요.

사실 목소리가 커지다가 작아지는 모습 자체만 보면 주점과 크게 다를 바가 없어 보이기도 합니다. 하지만 주점에서 나누는 대화의 주제와 카페에서 나누는 대화의 주제는 다릅니다. 또한 대화를 나누는 분위기도 다릅니다. 가령 인생의 문제를 놓고 주점에서 이야기를 한다고 하면 꽤 어울립니다. 물론 카페에서도 인생 문제를 이야기할 수 있지만, 어떤 이야기는 멀쩡한 정신에서 이야기하기가 어려울 때가 있지요. 반면에 진지하게 토론을 한다면 카페가 어울립니다. 주점에서도 물론 토론을 할 수는 있지만, 술에 취한 상태로는 올바른 판단을 하지 못할 가능성이 높지요.

제가 생각하는 커피의 매력은 이성을 깨우는 음료라는 것입니다. 술을 마시면서 나누는 대화는 기억을 못할 수도 있습니다. 하지만 커피를 마시면서 나누는 대화는 자신이 대화에 집중만 했다면 기억할 수 있습니다.

아쉽게도 성경에는 커피에 대한 이야기가 없습니다. 성경이 말하고 있는 시대에는 커피를 마시지 않았기 때문입니다. 하지만 술에 대한 이야기는 있지요. 무슨 이야기가 있지요? 우리가 잘 아는 말이지요. "술 취하지 말라." 좀 더 정확히 하면 에베소서 5장 18절인 "술 취하지 말라 이는 방탕한 것이니 오직 성령으로 충만함을 받으라"입니다.

커피를 마시면 이런 걱정을 할 필요가 없습니다. 물론 지나치게 많이 마시면 건강에 문제가 생길 수도 있겠죠. 무엇이든 과유불급인 법이니까요. 하지만 하루에 한 잔 정도 커피를 마시는 것은 오히려 건강관리에 도움이 되고, 심지어는 심장병을 예방하는 효과가 있다는 연구결과가 있습니다.

이성을 깨우는 음료가 건강에도 도움이 된다고 하니 얼마나 반가운 일입니까? 게다가 커피를 처음 마셨을 때는 그저 쓴맛만 느껴졌지만, 지금은 커피의 다양한 맛을 느끼고, 커피가 내는 맛을 '맛있다.'라고 느낍니다. 이것이 제가 커피를 좋아하는 이유입니다. 이성을 깨우는 음료, 참 매력적이지 않습니까? 그렇다면, 커피 한 잔 하시겠어요?

13 애호가인가? 신인가?

2011년도쯤이었을 겁니다. N포털 사이트에 올라오는 웹툰 중 '커피우유신화'라는 제목을 가진 만화가 있었습니다. 이 만화는 '커피우유가 어떻게 탄생하게 되었는가?'를 신화적으로 풀어냈습니다. 그런데 이 만화에서 신은 태어날 때부터 신인 것이 아닙니다. 평범한 사람이 특정한 조건을 충족하면 신의 자격을 얻게 되는 것입니다. 사실 신은 자기가 신인 줄도 모를 수 있습니다. 또한 자격요건만 충족하면 신이 될 수 있기 때문에 신이 여러 명일 수도 있습니다.

그런데 신이 중요한 이유는, 예를 들어 바나나의 신과 우유의 신이 결혼해서 아이를 낳으면 세상에 바나나우유가 탄생하기 때문입니다. 독특한 세계관이지요.

이 만화의 주인공은 커피의 신과 우유의 신입니다. 그런데 커피의 신은 두 명 나옵니다. 커피의 신이라는 것이 존재하는 줄도 모르고 자격요건을 충족해서 커피의 신이 된 '리하이'라는 인물과 커피협회 회원으로서 신이 되기 위한 자격요건을 인위적으로 충족하여 스스로 신이 된 '로우위'라는 인물이 바로 두 명의 신입니다. 그런데 로우위는 자신만이 진정한 커피의 신이 될 수 있다고 생각합니다. 그래서 리하이의 편에 서는 사람들과 리하이마저 다 제거하려고 하지요.

이 세계에는 신만 존재하는 것이 아닙니다. 신을 따르는 사람들, 이들을 협회원이라고 하는데 커피의 신을 따르는 사람은 커피협회 회원입니다. 이들은 모두 독특한 능력을 가지고 있습니다. 영화 '어벤져스'를 떠올리면 쉽게 이해하실 수 있겠네요. 다양한 능력을 가진 영웅들이 신을 보좌하는 것입니다.

그런데 영웅이 모여 있다고 해도 그중에서 특출 난 사람은 있기 마련입니다. 여기서 협회회원이지만 남들보다 출중한 능력을 지닌 데다가 로우위마저도 함부로 대할 수 없는 사람이 등장하는데, 이름이 C.발렌타인입니다. 이제와 생각해보니 작가가 이름에 장난을 쳐놓았다는 생각도 듭니다. 여하튼, 다른 커피협회원은 별다른 고민 없이 인위적으로 만들어진 신이 아닌 자연스럽게 조건을 충족한 신인 리하이를 따르려고 하는데, 이들과 달리 발렌타인은 누가 더 커피의 신으로서 적합한지 알아보기 위해 두 사람을 상대로 테스트를 합니다. 그 테스트는 단순합니다. 최상의 커피 한 잔을 내려달라는 것입니다.

로우위가 먼저 이 시험을 치릅니다. 그는 28개 각각 최상의 원두를 대단히 극소수의 사람들에게만 전해져 내려오는 완벽한 비법으로 블렌딩하고 심지어 물조차 알레스카 만년설을 녹인 물을 사용합니다. 그리고 독자적인 연구와 수많은 경우의 수까지 고려해서 이른바 더 이상 개량의 여지가 없는 최상의 커피를 내려줍니다.

물론 리하이도 시험을 치릅니다. 그런데 리하이는 최상의 커피를 내려달라는 말에 믹스커피를 타서 줍니다. 그런데 사실 커피 애호가 중에는 믹스커피를 마시지 않는 사람들이 상당히 많거든요. 발렌타인 역시 믹스커피는 커피라고 생각하지도 않는 사람 중 한 명이었습니다. 심지어 리하이가 타온 커피는 물 조절을 잘한 것도 아니었거든요. 로우위와 리하이 두 사람은 양극단을 달린 것입니다. 발렌타인은 리하이가 타온 커피를 거의 뿜어내다시피 하면서 억지로 마십니다. 맛에 대해서도 극도의 거부감을 나타내지요.

이쯤 되면 커피의 신은 당연히 로우위가 적합하다고 생각하실 겁니다. 그야말로 최상의 커피를 내렸기 때문입니다. 그러나 뜻밖에도 발렌타인은 리하이를 선택합니다. 왜 리하이일까요? 발렌타인은 이렇게 말합니다. "분명 커피의 맛에 있어서는 로우위가 내린 커피의 잔을 씻은 물조차도 리하이의 커피보다는 맛있었을 것."이라고요. 그러나 발렌타인이 주목한 것은 커피의 맛이 아니라 리하이가 커피를 대하는 방식이었습니다. 리하이에게는 원두의 출신도, 내력도, 품질도 상관없고, 심지어 그것이 원두 커피인지, 자판기 커피인지, 인스턴트 믹스커피인지조차 상관없습니다. 리하이에게 커피는 그저 커피일 뿐이었습니다. 그리고 무엇보다도, 리하이에게 있어서 모든 커피는 다 최상의 커피였습니다.

로우위는 커피 애호가로서의 자격은 충분히 갖추고 있습니다. 그러나 그는 최상의 커피를 사랑하는 것이지, 모든 커피를 사랑하는 것이 아니었습니다. 따라서 커피의 신으로서 적합한 사람은 모든 커피를 동일하게 대할 수 있는 리하이가 적임자라는 판단을 내렸던 것이지요.

재미로 보기 시작한 이 만화는 저에게 신론에 대해서 생각해보는 계기를 만들어주었습니다.

만일 하나님이 어떤 사람은 존귀하게 여기시고, 어떤 사람은 천하게 여기신다면 어떨까요? 그리 유쾌한 상상은 아닙니다. 그런데 성경에 보면 하나님은 모든 사람에게 나타나시기보다 한 사람에게 나타나십니다. 가령 출애굽기에서는 이스라엘을 애굽에서 해방시키시기 위해서 이스라엘 모든 백성에게 나타나신 것이 아니라 모세에게만 나타나셨습니다. 그리고 모세가 하나님의 도구로 쓰임을 받아서 해방의 드라마를 펼쳤지요. 모세 이전에도, 모세 이후에도 하나님이 쓰시는 지도자는 계속 나타났습니다.

그렇다면 하나님은 하나님이 쓰시는 지도자만을 존귀하게 여기시고 다른 사람들은 그저 그렇게 여기실까요? 그렇지 않습니다. 어떻게 알 수 있을까요? 하나님께서 모든 사람을 구원하시기 위해서 독생자 예수 그리스도를 보내주셨다는 사실을 통해 알 수 있습니다. 만일 귀한 사람과 천한 사람이 정해져있 다면 굳이 예수님을 보내실 이유가 없었습니다.

요한복음 3장 16절에 보면 이렇게 나와 있습니다.

> "하나님이 세상을 이처럼 사랑하사 독생자를 주셨으니
> 이는 그를 믿는 자마다 멸망하지 않고 영생을 얻게 하려
> 하심이라"

하나님은 세상을 사랑하셨습니다. 세상을 사랑하셨다는 말 안에는 모든 사람을 동일하게 사랑하시는 하나님의 성품이 담 겨 있습니다. 그런데 어떻게 사랑했는지가 중요하지요. "이처럼 사랑하사"의 내용이 하반절에 나옵니다.

> "독생자를 주셨으니"

하나님의 사랑은 독생자를 우리에게 주신 사랑입니다. 이것

은 아버지가 자식을 예비 사위에게, 예비 며느리에게 보내는 정도의 사랑이 아닙니다. 모든 죄를 뒤집어쓰시고, 우리가 받아야 할 죄의 값을 대신 죽으심으로써 치르신 사랑입니다.

리하이에게는 '커피'라고 부를 수 있는 것이 모두 동일하게 '커피'였습니다. 이것을 하나님의 사랑으로 바꾸어서 생각해보지요. 하나님은 모든 사람을 동일하게 사랑하십니다. 어떻게 알 수 있나요? 주님 앞에서 우리는 모두 죄인입니다. 누가 어떤 죄를 더 지었는지, 혹은 죄를 덜 지었는지는 중요하지 않습니다. 그래봐야 주님 앞에서는 동일한 죄인일 뿐입니다. 살인죄만 용서하시기 위해서 주님이 십자가를 지신 것이 아닙니다. 그런 중범죄에 비하면 별 것 아닌 것처럼 보이는 나의 죄까지 용서하시기 위해 주님은 십자가를 지셨습니다. 이것이 모든 사람을 향한 주님의 사랑입니다.

주님은 이렇게 모든 사람을 동일하게 사랑하셨는데, 또 모든 사람의 죄를 다 씻기 위해 오셨는데, 은혜를 입었다고 하는 우리는 로우위와 같은 생각으로 살아가고 있지는 않습니까?

우리 모두는 주님의 조건 없는 사랑을 받은 존재입니다. 그렇다면 우리도 주님의 은혜를 입은 사람답게 조건 없이 사랑하며 살아야지 않겠습니까? 그러니 차별하지 맙시다. 등급을 나누어서 사람을 판단하는 모든 행위를 그칩시다. 주님의 사랑하셨듯이 우리도 서로 사랑합시다.

14 독립문커피에서 판매된 삼각커피

저에게 가장 기억에 남는 카페를 이야기하라고 한다면 주저 없이 '독립문커피'라고 이야기할 것입니다. 이제는 추억 속에만 남아있지만[2], 독립문커피는 감리교신학대학교 학부에 다니던 시절의 제게 있어 가장 중요한 장소로 자리매김 했던 곳입니다. 5평 남짓의 작은 카페였는데, 콧수염을 기른 사장님은 지나가는 모든 사람에게 큰 목소리로 "안녕하세요!" 하고 인사하시던 분이었습니다. 덕분에 입지가 그리 좋은 곳이 아님에도 불구하고 그 앞을 지나가는 사람들에게는 강렬한 인상을 남겼습니다.

무엇보다 커피가 굉장히 맛있었는데, 대다수의 로스터리 카

---

2) 독립문커피는 2015년도에 통영 풍화리로 이전해 현재 '안트워프 커피'라는 이름으로 운영되고 있습니다.

페가 반자동 기계를 이용한 로스팅을 하고 있었던 반면 독립문커피는 수동으로 통을 돌리는 샘플로스터기를 이용해 로스팅을 했습니다. 그때나 지금이나 이러한 로스팅 방식은 대단히 보기 드문 방식입니다. 무엇보다 한 번에 로스팅 할 수 있는 커피의 양이 그리 많지 않기 때문에 대량 로스팅은 사실상 불가능하죠. 그래서 하루에도 몇 번씩 로스팅 하는 광경을 볼 수 있는 카페였습니다. 그 덕분에 다른 어떤 카페보다도 신선한 원두로 커피를 마시고 있다는 것을 눈으로, 입으로 확인할 수 있는 곳이었습니다.

샘플로스터기, 일명 통돌이 로스터기로도 불린다

사장님은 커피에 대한 인심도 대단히 넉넉했는데, 커피를 한 잔 마시고 나서 카페에 계속 앉아있다 보면 사장님이 "커피 한 잔 더 하시겠어요?"라고 물어보셨습니다. 그래서 커피를 한 잔 더 부탁드리면 따로 돈을 받지 않고 커피를 더 내려주셨습니다. 덕분에 커피 한 잔 가격에 두 잔, 세 잔을 마시고 오는 경우가 많았습니다.

그런데 무료로 내려주시는 커피라고 해서 아무렇게나 내린 커피가 아닙니다. 대화를 나누면서 손님의 취향에 어울릴 만한 커피를 추천해서 내려주시기도 하고, 손님이 직접 원두를 고를 수 있도록 해주시기도 했습니다. 게다가 이 카페는 핸드드립을 전문으로 하는 카페였기 때문에, 카페라테 등과 같이 에스프레소 샷을 필요로 하는 경우가 아니라면 모든 커피를 핸드드립으로 내려야 했습니다. 무료로 제공하는 커피에도 상당한 정성과 시간이 필요했던 것입니다. 그럼에도 사장님은 언제나 기쁜 마음으로 커피를 내려주셨습니다.

커피 맛도 훌륭한 카페가, 그것도 제가 제일 좋아하는 핸드드립 커피를 전문으로 하고, 심지어 한 잔 가격에 여러 잔의 커피를 마실 수 있는 곳이다 보니 저는 거의 매일을 독립문커피에 들렀고 그곳에 살다시피 했습니다. 이 좋은 곳을 혼자만 알 수 없으니 지인들에게 소개도 많이 했지요. 덕분에 독립문커피에서 가만히 앉아있으면 반가운 얼굴을 모두 볼 수 있었습니다. 일종의 만남의 장소였죠.

제가 커피에 대해 깊게 생각하면서 인사이트를 얻은 곳이 바로 독립문커피입니다. 커피와 묵상에 담은 대다수의 생각은 독립문커피에서 시작되었다고 해도 과언이 아닙니다.

독립문커피는 커피에 대한 생각뿐만 아니라 손님을 대하는 자세도 배울 수 있는 곳이었습니다. 일화를 하나 소개하면, 하루는 초등학교 저학년쯤으로 보이는 아이가 갑자기 독립문커피의 문을 열고 들어왔습니다. 그러더니 주문을 하는데, '삼각커피'를 달라는 겁니다. 순간 사장님과 손님들 모두 패닉에 빠졌습니다. 삼각커피라는 메뉴는 없었기 때문이기도 하고, 무엇보다 그런 메뉴 자체를 들어본 적도 없었기 때문입니다. 난처해진 사장님은 아이에게 다시 한번 물었습니다.

독립문커피의 마지막 영업

"조금만 더 힌트를 주세요."

아이가 대답했습니다.

"삼각커피 두 개요."

삼각커피가 무엇인지는 알아내지도 못했는데 두 개나 만들어야 하다니!

사장님과 자리에 앉아있던 손님들이 머리를 맞대고 고민하기 시작했습니다. '삼각커피가 무엇일까?' 아무리 고민을 해도 답이 나오진 않았습니다. 그래서 사장님이 아이와 다시 대화를 했습니다.

"혹시 얼마 가지고 왔어요?"

"1,500원이요."

"본인이 마시는 거예요?"

"피아노학원 선생님 심부름이에요."

이 대화를 듣는 순간 제 머릿속에 번뜩하고 떠오르는 것이 있었습니다.

"혹시 삼각형으로 된 커피 우유 아닐까요?"

모두가 이 의견에 동의했습니다. 1,500원으로 두 개를 살 수 있는 삼각커피는 그것밖에 없었기 때문입니다. 그러자 사장님이 아이에게 말했습니다.

"삼각커피, 아저씨가 만들어줄게요. 삼각커피는 이렇게 만들어요."

그러면서 달콤한 카페라테 두 잔을 만들어서 아이에게 건네주었습니다. 물론 가격은 1,500원이었지요.

그렇게 아이는 삼각커피 두 개를 사 오는 미션을 무사히 완수했습니다. 그리고 잠시 후 피아노학원 선생님이 급하게 찾아오셨습니다. 생각지도 못했던 일이 일어났기에 당황하셨을 테지요. 연신 죄송하다고 말씀하시면서도 아이가 혹여 이 상황에서 상처를 받지 않았는지를 확인하시던 선생님은 상황에 대해 설명을 드리자 안심하면서 다시 학원으로 돌아가셨습니다.

이 장면을 보면서 중학교 1학년 국어 교과서에 실려 있던 「이해의 선물」이라는 글이 생각났습니다.

이 글의 화자는 위그든 씨의 사탕 가게에 대한 추억을 이야기하는데, 화자가 어머니와 함께 시내를 나갈 때면 어머니는 화자를 위해 위그든 씨의 사탕 가게에 들르시곤 했습니다. 당시 화자는 돈에 대한 개념이 없었는데, 어머니가 계산대에서 무언가를 다른 사람에게 건네면 다른 사람이 꾸러미나 봉지를 내어주는 모습을 보고 물건을 사고파는 것은 저렇게 하는 것이구나 생각하기에 이릅니다.

그래서 주인공은 사탕을 좀 더 마음껏 먹고 싶은 마음에 위그든 씨의 사탕 가게에 직접 찾아갑니다. 물건을 직접 사 오겠다는 것이지요. 충분히 먹을 만큼 사탕을 고른 주인공은 사탕을 계산대로 가져갔습니다. 위그든 씨가 물었지요.

"너, 이만큼 살 돈은 가지고 있니?"

"네."

주인공은 대답과 함께 주먹을 내밀어서 은박지로 정성껏 싼 여섯 개의 버찌씨를 조심스럽게 위그든 씨의 손에 떨어뜨렸습니다. 위그든 씨는 잠시 자기 손바닥을 보더니 또다시 한동안 주인공의 얼굴을 구석구석 살폈습니다. 주인공이 걱정스럽게 묻지요.

"모자라나요?"

위그든 씨는 조용히 한숨을 쉬고 대답합니다.

"돈이 좀 남는 것 같아. 거슬러 주어야겠는데…"

그리고는 주인공에게 2센트를 거슬러주었습니다.

나중에 주인공은 어른이 된 후 가정도 이루었고, 외국산 열대어를 길러 파는 장사를 합니다. 열대어는 한 쌍에 5달러가 넘었다고도 이야기하지요. 그런데 어느 날 예닐곱쯤 되어 보이는 남매가 가게에 들어옵니다. 남매는 맑은 눈으로 열대어를 구경하면서 한껏 들떠 있었습니다. 그때 남자아이가 묻지요.

"야아! 우리도 저거 살 수 있죠?"

"그럼, 돈만 있다면야."

"네. 돈은 많아요."

자신감 넘치는 남자아이는 열대어 몇 마리를 가리키더니 한 쌍씩 달라고 했습니다. 화자는 열대어를 잘 포장한 후에 계산을 하려고 했습니다. 남자아이가 누이동생에게 말했습니다.

"네가 돈을 내."

여자아이가 꼭 쥔 주먹을 내밀어서 주인공의 손에 떨어뜨린 것은 5센트짜리 백동화 두 개와 10센트짜리 은화 한 개였습니다. 순간 주인공은 어린 시절 자신의 행동과 위그든 씨의 반응을 떠올리면서 위그든 씨가 얼마나 멋지게 그 상황을 해결했는지를 깨닫습니다.

기대에 찬 얼굴을 하고 있는 소녀가 작은 목소리로 묻습니다.

"모자라나요?"

주인공은 목이 메는 것을 간신히 참으며 대답합니다.

"돈이 좀 남는걸? 거슬러줘야겠구나."

그러면서 소녀의 손바닥에 2센트짜리 동전을 떨어뜨려 줍니다.

주인공은 이 상황 속에서 두 어린 아이의 순진함을 보았고, 그 순진함을 보전할 수도, 파괴할 수도 있는 힘이 무엇인지를 알게 되었습니다. 그리고 자신이 받았던 이해의 선물을 아이들에게 베풀었습니다.

이처럼 독립문커피에서 일어났던 일은 이미 오래전 읽었던 「이해의 선물」을 다시금 떠올리게 했습니다.

어린아이의 순수함에 지혜롭게 대처하고 존중하는 것은 「이해의 선물」보다도 훨씬 오래전에 예수님께서 말씀하신 내용이기도 합니다. 마가복음 9장 35~37절에 보면 예수님이 이렇게 말씀하시거든요.

"예수께서 앉으사 열두 제자를 불러서 이르시되 누구든지 첫째가 되고자 하면 뭇 사람의 끝이 되며 뭇 사람을 섬기는 자가 되어야 하리라 하시고 어린 아이 하나를 데려다가 그들 가운데 세우시고 안으시며 제자들에게 이르시되 누구든지 내 이름으로 이런 어린 아이 하나를 영접하면 곧 나를 영접함이요 누구든지 나를 영접하면 나를 영접함이 아니요 나를 보내신 이를 영접함이니라"

　어린 아이들은 어른들의 말을 들으면 그대로 받아들입니다. 위그든 씨의 사탕 가게에서 주인공이 "돈이 좀 남는 것 같아."라는 말을 그대로 받아들이고 동심을 지켰던 것처럼, 또 후에 자신의 열대어 가게에 찾아온 아이들에게 "돈이 좀 남는걸?"이라는 말을 통해 동심을 지켜주었던 것처럼 아이들은 자신들의 세계가 파괴되지 않는 한 순수한 마음으로 세상을 바라봅니다. 어린 아이를 영접한다는 것은 내가 알고 있는 지식과 경험을 가지고 아이가 틀렸음을 가르치는 것이 아닙니다. 아이가 동심으로 품고 있던 세계를 지켜줄 수 있는 따뜻한 마음이 필요하다는 뜻입니다. 그렇게 '이해의 선물'을 줄 수 있다면, 훗날 그 아이가 자라서 자신이 받은 이해의 선물을 또 다른 아이에게 물려줄 것입니다.

　비단 어린 아이에게만 이렇게 대하는 것이 아니라 모든 사람을 이렇게 사랑으로 대한다면 우리가 사는 세상은 더욱 아름다운 이야기로 채워질 것입니다. 이해의 선물을 주고받을 수 있는 아름다운 세상을 함께 만들어갔으면 좋겠습니다.

15 커피의 향

커피를 내릴 때의 즐거움 중 하나는 커피 향을 맡는 것입니다. 커피에서 향은 커피를 로스팅 할 때부터 나기 시작합니다. 녹색이었던 커피콩의 색깔이 점점 노랗게 변하면서 우리가 아는 커피의 향이 올라오기 시작합니다. 그리고 팝핑이 일어날 쯤에는 향이 더욱 진하게 올라옵니다. 다만 로스팅을 할 때 올라오는 커피 향은 건강에 좋지 않습니다. 좋은 향만 올라오는 것이 아니라 커피에서 배출되는 가스와 때로는 은피 등이 타면서 나오는 연기도 있기 때문입니다.

어쨌든 커피는 로스팅 할 때부터 향이 납니다. 그리고 로스팅 후에도 그 향은 계속해서 조금씩 올라옵니다. 그래서 우리는 포장된 원두를 구입해서 봉지를 뜯을 때 아주 진한 커피 향을 느낄 수 있습니다.

그런데 이때까지 맡은 커피 향은 맛보기에 불과합니다. 커피의 향은 이제부터 절정에 이릅니다. 먼저 원두를 분쇄할 때, 커피콩이 분쇄되면서 원두가 머금고 있던 향을 뿜어냅니다. 그리고 커피를 추출할 때 커피가 물과 만나면서 다시 한번 향이 올라옵니다. 원두를 분쇄할 때와 커피에 물을 부었을 때 올라오는 향은 굉장히 진한 향입니다. 그리고 많은 사람이 좋아하는 향이기도 합니다.

사실 커피를 아무리 예찬해도, 어디까지나 기호식품이기 때문에 모든 사람이 좋아할 수는 없습니다. 믹스 커피는 물론이고 원두커피도 맛 때문에 싫어하는 사람들이 있습니다. 사람마다 취향이 다르고 입맛도 다르니 그럴 수 있습니다. 다른 이유로 커피를 멀리하는 경우도 있는데, 몸이 카페인을 받아들이지 못해서 커피를 마시지 않는 사람들도 있습니다. 커피만 마셨다 하면 잠이 안 오고 심장이 심하게 두근거린다고 하니, 이런 경우는 커피를 피하는 것이 상책이지요. 꼭 카페인 때문이 아니더라도 체질상 커피가 몸에 맞지 않는 사람들도 있습니다. 그 밖에도 노래하는 직업을 가진 사람 중 목을 보호하기 위해 커피를 마시지 않는 사람이 있더군요.

그런데 커피를 싫어해서 마시지 않거나 어쩔 수 없는 이유로 마시지 못하는 사람들이라고 해도 커피 향까지 싫어하는 경우는 아직까지 못 봤습니다. 싫어하지 않는 정도가 아니라, 오히려 커피 향은 좋아하는 경우도 많이 있었습니다. 그만큼 커피 향은 많은 사람에게 매력적으로 다가온다는 것입니다.

그리스도인이 커피의 향과 같다면 얼마나 좋을까요? 오늘날 교회는 많은 적을 두고 있습니다.

많은 사람이 간디의 말을 인용하지요.

> "당신들이 만든 예수는 가져가고, 성경 속에 있는 예수는 두고 가시오. 내가 볼 때 당신들이 떠드는 예수는 당신들이 만든 예수지, 성경 속의 예수가 아니오. 성경 속에 있는 예수는 두고 가시오."

세상 사람들이 그리스도인에게서 예수의 향이 나지 않는다고 이야기합니다. 예수의 사람들이 왜 예수의 향을 내지 못할까요? 커피콩을 그대로 두면 처음에는 향이 나지만, 시간이 조금 지나면 향이 더 이상 느껴지지 않습니다. 그러나 향이 나지 않는 것 같던 커피콩도 분쇄하면 다시 향을 뿜어냅니다. 그리스도인에게서 예수 그리스도의 향기가 나지 않는 이유는, 어쩌면 원두의 모습 그대로 있기 때문은 아닐까 생각해봅니다. 그리스도인이라고 하지만 내 모습에 아무런 변화가 없어서, 이전의 모습은 갈아버리고, 예수님의 모습을 닮아가야 함에도 아무런 변화 없이 내 모습 그대로 살아가려고 하니 더 이상 향기가 나지 않는 게 아닐까요?

신약성경의 복음서에 보면 예수님께서 제자들을 부르시는 장면이 나옵니다. 예수님의 제자들은 본래 어부나 세리처럼 생업이 있던 사람들입니다. 그중에는 가정을 꾸리고 있던 사람도 있습니다. 그런데 예수님이 한 사람 한 사람 찾아가서 부르셨습니다. 대단한 설득을 하신 것도 아닙니다. "나를 따르라" 그 한마디 하셨습니다. 물론 경우에 따라 몇 마디 더 하실 때도 있었지만, 그래 봐야 "나를 따르라"라는 말의 범주를 크게 벗어나지 않습니다.

그러나 예수님이 부르셨을 때 제자들의 반응은 대단히 놀랍습니다.

"그들이 그물을 버려 두고 예수를 따르니라"

마태복음 4:20

"그들이 곧 배와 아버지를 버려 두고 예수를 따르니라"

마태복음 4:22

"나를 따르라 하시니 일어나 따르니라"

마태복음 9:9

어떤가요? 제자들의 반응에서 일말의 망설임이 느껴지나요? 대단히 충동적이라고 느껴질 정도입니다. 그런데 이렇게 예수님을 즉시 따랐던 예수님의 제자들이 처음부터 복음의 사도, 복음의 증인이 되었던 것은 아닙니다. 예수님이 잡히시고 십자가를 지실 때 뿔뿔이 흩어졌던 제자들이잖아요. 도망쳤던 제자들의 모습에서 그리스도의 향기가 느껴지나요? 분명 예수님과 동행하던 예수님의 제자인데, 그리스도의 향기가 느껴지지 않습니다.

이들이 진정 그리스도의 향기로 거듭난 것은 부활한 주님을 만나고, 성령 충만을 경험한 후입니다. 이후에는 이전의 모습을 완전히 버리고 완전한 복음의 투사로 거듭났습니다.

그리스도인으로 살아가는 우리에게서 예수 그리스도의 향기가 다시 뿜어져 나오려면, 우리의 모습을 깨뜨려야 합니다. 그리고 물을 만난 커피가 다시 향기를 뿜어내듯 성령으로 충만해져야 합니다. 그때 다시 우리에게서 그리스도의 향기가 뿜어져 나옵니다.

변화를 두려워하지 마십시오. 변화야말로 그리스도의 향기를 뿜어내는 길입니다.

16 커피, 세례를 받다

커피를 음료로 마시던 곳은 본래 이슬람 국가였습니다. 커피의 기원에 대한 두 가지 유력한 설이 있는데, 에티오피아의 목동이었던 '칼디'에 관한 설과 아라비아의 이슬람교 승려인 '셰이크 오마르'에 관한 설입니다. 두 가지 설 모두 우연한 기회에 커피 열매를 먹고 피로가 풀리고 머리가 맑아지는 경험을 하게 되면서 커피를 마시게 되었다는 것입니다. 그러나 언제 어떻게 지금처럼 커피를 볶고, 분쇄하고, 물을 투과시켜서 커피를 마시게 되었는지는 정확히 알려진 바가 없습니다. 아마도 커피 열매가 열리는 곳에서 화재가 발생해 의도치 않게 로스팅이 되었고, 그때 커피 향기를 맡게 된 사람들이 지금의 형태로 커피를 내려 마시는 시도를 하지 않았을까 하고 추측할 뿐입니다.

어쨌든 커피에 관한 이야기는 모두 이슬람 문화권을 토양으로 두고 있습니다. 커피가 유럽으로 건너가기 전까지 유럽의 아침은 맥주를 마시면서 시작되었고, 이슬람권의 아침은 커피를 마시면서 시작되었습니다. 그런데 커피가 기독교 문화권이었던 유럽으로 전해지면서 지각변동이 일어납니다. 커피가 이성을 깨우는 음료이다 보니 지식인들과 예술가들 사이에서 큰 인기를 얻었는데, 그러다 보니 맥주와 포도주의 소비량이 점점 줄어들었습니다. 당연히 당시 시장에서 기득권을 쥐고 있던 사람들은 가톨릭 교회에 압력을 행사했습니다. 그 결과 "이교도의 음료를 이렇게 공공연하게 마셔도 되는가?", "커피는 지옥을 연상시키는 사탄의 음료.", "신이 이교도들에게 포도주를 금한 대신 준 것이 커피이므로 커피를 마셔서는 안 된다."라는 등의 온갖 유언비어가 생산되었습니다.

급기야 추기경을 비롯해 여러 가톨릭 지도자들이 당시 교황이었던 클레멘스 8세에게 사탄의 음료인 커피를 금할 것을 청원했습니다.

교황도 처음에는 그들과 똑같은 생각을 했습니다. 그러나 금지령을 내리기 전 커피를 시음해본 교황 클레멘스 8세는 그만 커피의 맛에 매료되고 맙니다. 그리고 교황은 그 자리에서 이렇게 선언합니다.

"참으로 감미로운 음료이다. 커피에 세례를 베풀고, 악마를 바보로 만들어 기독교인들의 음료로 만들어 버리자."

그리고 정말로 커피에 세례를 줍니다. 커피가 유럽에서 퇴출되기 직전에 교황이 마신 커피 한 잔은, 커피의 신분을 이교도의 음료에서 기독교의 음료로 바꾸어놓았습니다. 그 덕분에 커피는 오늘날 전 세계인이 마시는 음료가 되었습니다. 그런 점에서 오늘 우리가 커피를 마실 수 있는 것은 클레멘스 8세가 커피에 세례를 주었기 때문이라고 말해도 무리는 없을 것입니다.

찰나의 선택이 역사를 바꾸는 경우를 종종 봅니다. "역사에 만약이란 없다."라고 말하지만, '그때 만약 이렇게 선택했더라면, 저렇게 선택했더라면'이라는 생각이 들 때가 있지요. 개인적인 문제에서도 그렇고, 사회적인 문제, 국가적인 문제, 세계적인 문제에서도 마찬가지입니다. 순간의 선택이 명과 암을 갈라놓는 경우가 얼마나 많습니까?

그래서 선택의 순간이 다가올 때 우리에게는 지혜가 필요합니다. 모든 선택이 무게감 있고 중요하다고 할 수는 없습니다. 그러나 우리가 선택하는 것이 우리의 미래를 바꾸어놓는 경우가 많습니다. 문제를 풀 때도 선택을 해야 하고, 입시를 할 때도 선택을 해야 하고, 사람도 선택해야 하고, 직장도 선택해야 합니다. 그런데 하나를 선택하면 끝나는 것이 아니라 또 다른 선택의 순간이 꼬리를 물고 다가옵니다. 그리고 그 선택으로 인해 많은 것들이 달라집니다.

여호수아 24장 14~15절을 보면 여호수아가 이스라엘 백성들에게 중요한 선택을 종용합니다.

"그러므로 이제는 여호와를 경외하며 온전함과 진실함으로 그를 섬기라 너희의 조상들이 강 저쪽과 애굽에서 섬기던 신들을 치워 버리고 여호와만 섬기라 만일 여호와를 섬기는 것이 너희에게 좋지 않게 보이거든 너희 조상들이 강 저쪽에서 섬기던 신들이든지 또는 너희가 거주하는 땅에 있는 아모리 족속의 신들이든지 너희가 섬길 자를 오늘

택하라 오직 나와 내 집은 여호와를 섬기겠노라 하니"

어떤 선택이지요? 여호와 하나님을 섬길 것인지, 아니면 우상을 섬길 것인지 택하라는 것입니다. 그러면서 오직 나와 내 집은 여호와를 섬기겠노라고 선언합니다.

얼마나 중요한 선택이겠어요? 어찌 보면 이 선택은 이스라엘이라는 민족이 계속해서 역사를 이어갈 것인지 아니면 모든 역사를 그치고 역사의 뒤안길로 사라질 것인지를 결정하는 일이라 할 수 있습니다. 그러나 여호수아가 먼저 올바른 선택을 유도하지요.

"오직 나와 내 집은 여호와를 섬기겠노라"

덕분에 이스라엘 백성들은 올바른 선택을 합니다. 이스라엘이라는 나라가 온전히 세워지고, 하나님이 약속하셨던 가나안 땅에서 번성하고 또 번성하여 역사를 이어가는 모습을 볼 수 있습니다.

중요한 선택을 앞두고 있을 때 누군가가 우리에게 올바른 길을 제시해주면 얼마나 좋을까요? 그런데 성경은 올바른 길을 제시받는 방법이 있다고 이야기합니다. 무엇이지요? 잠언 16장 3절의 말씀입니다.

"너의 행사를 여호와께 맡기라 그리하면 네가 경영하는
것이 이루어지리라"

결정의 순간 우리의 행사를 하나님께 맡기면, 하나님이 경영하는 것을 이루어주십니다. 내 생각대로 하는 것이 이루어지는 것이 아닙니다. 선택에서부터 실행까지 하나님의 뜻 안에서 이루어지는 것입니다.

후회하는 선택을 그동안 이미 많이 해왔습니다. 이제는 더이상 후회하는 선택을 하지 않았으면 좋겠습니다. 우리가 선택했던, 그리고 선택할 모든 것이 가장 최선의 선택이 되었으면 합니다. 그러기 위해서 우리가 해야 할 일은 '나의 모든 행사를 여호와께 맡기는 것'입니다.

17 커피는 물을 만나야 커피가 됩니다

음료로 완성된 커피를 이루는 주요 성분은 물입니다. 물에 원두의 성분이 섞이면서 커피가 되는 것이지요. 그런데 저는 커피를 내리면서 원두에는 신경을 많이 썼지만 정작 물에 대해서는 신경을 그리 많이 쓰지 않았습니다. 그러던 어느 날 문득 이런 생각이 드는 겁니다.

'커피를 이루는 성분의 대부분은 물인데… 어쩌면 커피보다 물이 더 중요하지 않을까?'

그래서 물을 바꾸어서 커피를 내려 보았습니다. 이전에는 수돗물을 사용했다면 이번에는 생수를 사용해본 것입니다. 엄청난 차이라고 할 수는 없지만 분명 맛의 차이가 느껴졌습니다. 수돗물의 상태가 좋지 않다면 더욱 큰 차이를 느낄 수 있다고 하는데, 다행히 제가 살던 집은 수돗물의 상태가 그리 나쁘진 않았나 봅니다.

그리 큰 차이가 아니었기 때문에 물에 대해서는 한동안 신경 쓰지 않았습니다. 그러다가 입맛이 예민한 친구를 만나게 되었습니다. 이 친구는 커피를 마시면서 수돗물을 사용해서 내린 것인지 정수기 물 혹은 생수를 사용해서 내린 것인지를 구분해내는 친구였습니다. 저에게는 없는 예리함이 이 친구에게 있었습니다. 덕분에 커피에 있어서 물의 존재를 다시 한번 생각해보게 되었습니다.

물에도 맛이 있습니다. 수돗물은 정수 과정에서 염소가 사용되기 때문에 예민한 사람은 염소 냄새를 맡을 수 있습니다. 또 표현하기는 어렵지만 맛에도 차이가 분명 있습니다. 수돗물 맛이라고 하면 그게 무엇이라고 표현하기는 어렵지만 어느 정도 공감대가 있잖아요. 또한 후각 역시 맛을 느끼는 데 영향을 미칩니다. 염소 냄새가 느껴진다면 커피 맛은 더욱 떨어질 수밖에 없지요. 그래서 커피 맛을 좀 더 좋게 하려면 정수기 물을 사용하는 것이 좋습니다. 하지만 모든 사람이 예민한 것은 아닙니다. 저는 여전히 수돗물을 끓여서 커피를 내립니다. 그렇게 해도 저에게는 크게 문제가 되지 않습니다.

그런데 문득 이런 생각이 들더군요. '만일 물이 아닌 다른 것으로 커피를 내리면 어떻게 될까?' 하는 것이었습니다. 가령 오렌지주스를 끓여서 그 물로 커피를 내린다면 어떻게 될까요? 저는 그 맛을 상상도 하기 싫습니다. 대단히 끔찍한 혼종으로 다가오거든요. 이것은 내린 커피에 오렌지주스를 타는 것과는 전혀 다른 문제입니다. 이미 내린 커피에 다른 것을 타서 새로운 다른 음료를 제조하는 경우는 있지만, 오렌지주스로 내린 커피는 사실 커피라고 할 수 없기 때문입니다. 오렌지주스뿐 아니라 물이 아닌 다른 것으로 커피를 내렸다면 그 음료는 더 이상 커피라고 부르기 어렵습니다.

또 다른 생각도 들었습니다. '물과 만나지 않은 원두도 커피라고 할 수 있을까?' 하는 것입니다. 커피가 아니라고 할 수는 없겠습니다만, 커피라고 하기도 어렵습니다. 만일 어떤 음식에 커피가 들어갔다고 하면, 그것은 커피콩이나 커피 가루가 들어갔다고 이야기하는 게 아닙니다. 가루는 필터로 걸러내고 추출한 액체, 그러니까 우리가 흔히 '커피'라고 말하는 그 음료

가 함유되었다는 뜻이지요. 결국 커피는 물과 만나야 커피가
됩니다.

저는 이것이 신앙인과 예수님의 관계와 같다고 생각합니다.
갈라디아서 2장 20절에는 사도바울의 신앙고백이 나옵니다.

> "내가 그리스도와 함께 십자가에 못 박혔나니 그런즉 이
> 제는 내가 사는 것이 아니요 오직 내 안에 그리스도께서
> 사시는 것이라 이제 내가 육체 가운데 사는 것은 나를 사
> 랑하사 나를 위하여 자기 자신을 버리신 하나님의 아들을
> 믿는 믿음 안에서 사는 것이라"

바울은 그리스도와 함께 십자가에 못 박혔다고 고백했습니
다. 십자가에 못 박히는 것 자체가 중요한 것이 아닙니다. 십자
가형은 예수님만 받으신 것이 아니라 범죄자들도 받았습니다.
고통을 받는 것 자체가 중요한 것이 아니라는 말입니다. 그리
스도와 함께 하는 것이 중요합니다. 커피는 물을 만나야 커피
가 됩니다. 다른 액체를 만나면 커피는 커피가 될 수 없습니

다. 신앙인은 예수 그리스도를 만나야 합니다. 비슷한 다른 것을 만나는 것은 아무 소용없습니다.

예전에 산에 오르는 여러 가지 길이라는 비유를 통해 종교 다원주의를 접한 적이 있습니다. 각 종교가 정상에 오르는 여러 방법 중 하나라는 것이었습니다. 그러나 저는 이 말에 동의할 수가 없었습니다. 성경이 이야기하는 것과는 많이 다른 까닭입니다. 신명기 6장 4~5절을 보면 이렇게 나와 있습니다.

"이스라엘아 들으라 우리 하나님 여호와는 오직 유일한
여호와이시니 너는 마음을 다하고 뜻을 다하고 힘을 다하
여 네 하나님 여호와를 사랑하라"

'유일한'이라는 수식어가 중요합니다. 다른 가능성을 차단하는 말이기 때문입니다. 그래서 기독교는 어쩌면 참 외로운 종교입니다. 그러나 외로운 길 끝에는 승리가 있습니다.

정상에 오르는 방법은 여러 가지가 있을 수 있지요. 그러나 산 자체가 다르다면 어떤가요? 요한복음 14장 6절에서 예수님

은 이렇게 말씀하셨습니다.

"예수께서 이르시되 내가 곧 길이요 진리요 생명이니 나
로 말미암지 않고는 아버지께로 올 자가 없느니라"

그리고 사도행전 4장 12절은 이렇게 말하지요.

"다른 이로써는 구원을 받을 수 없나니 천하 사람 중에
구원을 받을 만한 다른 이름을 우리에게 주신 일이 없음이
라 하였더라"

성경의 많은 구절이 우리가 오르는 산은 다른 산이라고 이야
기합니다. 우리가 오르는 산은 여호와의 산입니다. 정상에 오
르는 여러 가지 길을 이야기하고자 한다면, 먼저 여호와의 산
에 오르고 있다는 것이 전제되어야 합니다. 이사야 2장 3절을
통해 나타나는 이사야의 선지자적 이상이 바로 이러한 비전입
니다.

"많은 백성이 가며 이르기를 오라 우리가 여호와의 산에 오르며 야곱의 하나님의 전에 이르자 그가 그의 길을 우리에게 가르치실 것이라 우리가 그 길로 행하리라 하리니 이는 율법이 시온에서부터 나올 것이요 여호와의 말씀이 예루살렘에서부터 나올 것임이니라"

커피는 물을 만나야 커피가 되듯이, 신앙인은 예수 그리스도를 만나야 신앙인이 됩니다. 다른 것으로 채우려 하지 마십시오. 이 신과 저 신 사이에서 머뭇거리지 마십시오. 그러다가는 오염된 물로 커피를 내리는 꼴이 될 수 있습니다. 당연히 물이 아닌 다른 것으로 커피를 내리려 하는 것은 더욱 경계해야 합니다. 오직 예수 그리스도가 답입니다. 오직 예수 그리스도로 인해 진정한 신앙인이 됩니다.

오늘 나는 누구와 동행하고 있습니까?

18 디카페인 커피, 대안을 제시하다

저희 가정에 아이가 생기면서 많은 변화가 일어났습니다. 그중 하나는 아내가 커피를 마시지 않는 것입니다. 임신 중에는 태아에게 나쁜 영향이 갈까 싶어서 마시지 않았고, 출산 후에는 모유 수유를 하는데 혹여 지장이 생길까 해서 아직까지도 아내는 커피를 마시지 않습니다. 그러나 커피를 매우 좋아하는 사람이 커피를 마시지 않는다는 것은 결코 쉬운 일이 아닙니다. 금단현상처럼 눈에 띄는 문제가 나타나진 않지만, 커피를 볼 때마다 너무나도 마시고 싶어 했습니다. 커피 한 잔이 뭐라고, 그거 하나 마음껏 마시지 못하는 상황으로 인해 우울감이 찾아오기도 했지요.

이렇게 힘들어하던 아내에게 디카페인 커피의 존재는 사막에서 만난 오아시스와도 같았습니다. 디카페인 커피는 말 그대

174

로 카페인을 제거한 커피입니다. 로스팅 후에는 카페인을 제거하는 작업이 어렵기 때문에 이 작업은 생두 상태에서 진행합니다. 이산화탄소의 초임계 상태[3]를 이용해서 압력으로 카페인을 뽑아내는데, 카페인이 100% 제거되는 것은 아니고 약 97% 정도 제거됩니다.

일반적인 커피에는 160~300mg의 카페인이 들어있는데, 디카페인 커피는 약 10mg의 카페인이 들어갑니다. 임산부의 하루 카페인 섭취 허용량이 최대 300mg이라는 점을 생각해보면, 디카페인 커피는 걱정 없이 커피를 즐길 수 있는 아주 좋은 방법입니다.

안타깝게도 디카페인 커피를 취급하는 카페는 그리 많지 않습니다. 찾는 사람도 많지 않고, 맛에 있어서도 차이가 있으며, 무엇보다 커피를 마시는 사람 중에는 카페인 때문에 커피를 마시는 사람이 꽤 많기 때문입니다. 그래서 디카페인 커피를 마시려면 대형 프랜차이즈 카페를 찾아다닐 수밖에 없었습니다. 출산 전에는 아내의 직장 사내 카페에서 디카페인 커피를

---

3) 이산화탄소에 31도, 73기압을 주어서 액체와 기체의 밀도 차가 없어지는 상태

판매했고, 출산 후에는 제가 사는 집 근처에 디카페인 커피를 판매하는 카페가 생겨서(그것도 드라이브 스루가 가능한 곳으로) 아내는 커피를 마시고 싶다는 욕구를 어느 정도 해소할 수 있게 되었습니다. 그래서 디카페인 커피의 존재가 얼마나 감사한지 모릅니다. 만일 디카페인 커피가 없었다면 아내는 더욱 힘들어했을 테지요. 디카페인 커피를 통해 대안이 있다는 것이 얼마나 감사한 일인지 새삼 깨닫게 되었습니다.

구약성경에 보면 '오경' 혹은 '모세오경'이라고 부르는 범주가 있습니다. 창세기, 출애굽기, 레위기, 민수기, 신명기가 여기에 속합니다. '경(經)'이라는 범주가 붙은 것은 이 오경밖에 없습니다. 기독교의 핵심이라고 할 수 있는 복음서도 글 서(書)를 사용합니다. 그렇다고 해서 경(經)과 서(書) 중 어느 하나가 우위에 있는 것은 아닙니다. 두 글자 모두 '글'이라는 뜻을 담고 있기 때문입니다. 성경이라고 이야기하면 권위를 인정하는 것이고, 성서라고 이야기하면 권위를 인정하지 않는 것이다… 이런 건 아니잖아요. 심지어 '성경전서'라는, 두 글자를 모두 사용한 명칭도 있지요.

그러나 경(經)이라는 글자에는 '글'이라는 의미 외에도 '기준'이라는 의미도 있습니다. 즉, 오경이라고 하면 성경을 읽어나가는데 있어서 기준이 된다는 말입니다. 그도 그럴 것이 오경의 대부분을 이루는 것은 법전입니다. 율법이라고도 이야기하지요.

오경에는 많은 법이 있는데, 다섯 권의 책 중에서도 법을 가장 많이 담고 있는 책은 단연 레위기입니다. 레위기 초입에는 예배에 관한 규례가 나옵니다. 구약에서 예배는 속죄의 문제와 연결됩니다. 물론 감사제도 있지만, 예배를 드리는 중요한 이유는 '그가 지은 죄를 속죄하기 위함'입니다. 그런데 속죄의 방법이라는 것이 속죄제를 드리는 것입니다. 속죄제를 드리려면 제물이 있어야 하는데, 레위기 5장 6절에 의하면 양 떼의 암컷 어린 양이나 염소를 드려야 합니다.

그러나 성경은 법을 이렇게만 규정하지 않습니다. 레위기 5장 7절과 11절이 예외를 이야기하는데, 두 구절 모두 '만일'로 시작합니다.

"만일 그의 힘이 어린 양을 바치는 데에 미치지 못하면"

레위기 5:7

"만일 그의 손이 산비둘기 두 마리나 집비둘기 두 마리
에도 미치지 못하면"

레위기 5:11

제물이 없어서 속죄를 못하는 상황이 있다면 얼마나 비참하겠어요? 레위기의 법은 그런 비참한 상황이 발생하지 않도록 대안을 제시합니다. 그 힘이 어린 양을 바치는 것에 미치지 못하면 산비둘기 두 마리나 집비둘기 새끼 두 마리를 드리고, 그 마저도 어렵다면 고운 가루 십 분의 일 에바를 드리라는 것입니다.

만일 속죄에 관한 규정이 레위기 5장 6절만 있었다면 얼마나 많은 사람이 속죄도 못하고 눈물을 흘려야 했을까요? 7절과 11절에 제시되는 대안 덕분에 모든 사람이 속죄제를 드릴 수 있게 되었습니다.

하나님이 율법을 주실 때 정말 지키지도 못할 것을 잔뜩 내어주신 것이 아닙니다. 누구나 지킬 수 있게끔 대안까지 제시해주셨습니다. 그러나 하나님의 이러한 배려에도 불구하고 죄의 문제는 해결하지 못할 정도로 커졌습니다. 급기야는 하나님이 독생자 예수 그리스도를 보내주셔서 십자가에 죽임을 당하게 하심으로써 모든 사람의 죄를 속죄하셨지요.

법적인 대안으로는 해결이 되지 않으니 하나님은 아예 완벽한 대안으로 모든 죄를 깨끗하게 해주셨습니다. 다시금 대안이 있다는 것이 얼마나 감사한 일인지 생각해봅니다.

삶을 살다 보면 생각대로 되지 않을 때가 많습니다. 계획했던 대로 실행하기가 참 어렵습니다. 미군의 격언으로 알려진 말 중에 "작계라는 것은 도대체 전투 개시 후 몇 초 이상 가는 법이 없다."라는 말이 있습니다. 대단히 공감이 가는 말이지요. 전쟁에는 약속이 없기 때문입니다. 아군의 계획대로 적군이 따라올 이유도 없고, 반대로 적군의 계획대로 아군이 따라갈 이유도 없습니다. 물론 정말 적의 움직임을 잘 예측해서 작전대로 움직일 수도 있지만, 대부분은 작전이 틀어집니다. 그럴 때 어떻게 하지요? B플랜을 가동합니다. B플랜도 문제가 생기면요? C플랜을 가동하기도 하고, 만일 C플랜이 없다고 현장에서 얼른 대안을 세워서 움직입니다. 도무지 대책이 안 선다면 그 전투는 패배한 것이나 다름없습니다.

대안이 있다는 것이 얼마나 감사한 일입니까? 어떤 일을 계획하고 실행할 때 계획대로 되지 않을 수도 있습니다. 그럼에도 불구하고 만약 대안이 있다면 일을 힘들게 해야 한다고 불평할 것이 아니라 계획을 다른 방법으로라도 이루어갈 수 있음에 감사해보는 게 어떨까요?

19 산지별 커피

: 각기 종류대로, 내 모습 이대로

창세기 1장에는 창조 이야기가 나옵니다. 세상의 기원이 어디에서 왔느냐고 물을 때, 창세기 1장은 하나님이 세상을 창조하셨다고 선언합니다. 창조는 칠일에 걸쳐 이루어지는데, 여섯째 날까지 창조가 이루어지고 일곱째 날에는 하나님이 안식하셨다는 보도가 나옵니다. 우리가 주목하고자 하는 것은 여섯째 날까지의 창조, 그중에서도 셋째 날입니다. 왜냐하면 식물이 창조된 날이 셋째 날이기 때문입니다. 성경은 식물의 창조를 이렇게 기록합니다.

"하나님이 이르시되 땅은 풀과 씨 맺는 채소와 각기 종류대로 씨 가진 열매 맺는 나무를 내라 하시니 그대로 되어 땅이 풀과 각기 종류대로 씨 맺는 채소와 각기 종류대

로 씨 가진 열매 맺는 나무를 내니 하나님이 보시기에 좋
았더라"

창세기 1:11~12

이날, 하나님은 "각기 종류대로" 식물을 창조하셨습니다. 커피나무가 세상에 생겨난 날이기도 하지요. 그런데 창조가 오묘한 이유는 피조물이 모두 동일하게 생기지 않았기 때문입니다. 사람도, 동물도, 식물도 모두 모양이 다릅니다. 하나님이 "각기 종류대로" 창조하셨다는 것은 단지 품종을 나누어 놓으신 정도가 아닙니다. 모든 만물을 각각의 특징을 가진 유일한 존재로 만드셨다는 것입니다.

커피나무 역시 나무마다 다르고 유일합니다. 다만 토양과 기후, 농사법, 가공법이 같다면 그래도 어느 정도 비슷한 특성을 가집니다. 그런데 지역이 달라지면 토양, 기후, 농사법, 가공법도 달라지게 마련입니다. 이렇게 되면 같은 커피나무라 할지라도 특성이 달라집니다.

지역에 따른 커피나무의 특성은 무엇보다도 열매를 통해 나

타납니다. 커피콩의 모양이 달라지기도 하고, 로스팅을 했을 때나 맛에서도 차이가 납니다.

커피를 재배하는 지역은 주로 아프리카, 아시아, 중남미 대륙에 속합니다. 그중에서도 북위 25도, 남위 25도에 속하는 소위 '커피벨트'라고 부르는 지역에서 커피를 재배하는데, 범위가 넓다 보니 산지에 따른 특성도 각각 다르게 나타납니다.

가령 인도네시아의 커피는 흙의 향이 진하게 나는 편이고, 쓴맛을 맛있게 냅니다. 많은 사람에게 알려진 케냐의 커피는 예리하게 올라오는 산미가 특징이지요. 에티오피아의 커피는 열대 과일의 향이 느껴지는 산미로 유명합니다. 코스타리카 커피는 산미가 있는데, 아프리카 지역의 산미와는 또 다른 매력이 있습니다. 화사하다는 표현이 어울립니다. 자메이카 커피는 가장 균형 잡힌 맛으로 유명하지요. 과테말라 커피는 스모키한 향과 맛이 일품입니다. 엘살바도르 커피는 다크 초콜릿 향이 진하게 올라옵니다.

일일이 다 언급하지는 않았지만 모든 나라의 커피는 나름의 특성을 가지고 있습니다. 심지어 같은 나라의 커피라고 하더라도 농장의 위치, 농사법, 가공법에 따라 맛이 달라집니다. 경우에 따라서는 위에 언급한 내용에서도 벗어날 수 있지요.

그런데 이러한 산지별 특징을 등급으로 나눌 수 있을까요? 물론 보편적인 취향이라는 것은 분명히 존재합니다. 그러나 같은 품종과 같은 등급인 커피 안에서 나타나는 산지별 특징의 차이는 말 그대로 차이일 뿐입니다. 거기에 등급을 매길 수 없습니다. 게다가 커피 취향도 매일 같은 것이 아닙니다. 어떤 날은 산미를 느끼고 싶을 때가 있고, 어떤 날은 다크 초콜릿 향을 느끼고 싶을 때가 있습니다. 기분에 따라 달라지기도 하지만 계절에 따라, 마시는 방법에 따라, 곁들이는 음식에 따라 어울리는 맛이 달라지기도 합니다. 취향의 문제일 뿐 좋고 나쁨의 문제가 아니라는 것입니다. 이어령 선생의 말씀이 떠오릅니다.

"신이 생명을 평등하게 만들었어요. 능력과 환경이 같아
서 평등한 게 아니야. 다 다르고 유일하다는 게 평등이지
요."

커피를 로스팅 할 때 고려하는 것 중 하나는 커피콩의 산지별 특성입니다. 단맛이 특징이라면 단맛을 살리는 것이 좋고, 쓴맛이 특징이라면 쓴맛을 살리는 것이 좋습니다. 물론 경우에 따라서는 다른 맛을 좀 더 부각함으로써 균형 잡힌 맛을 추구하는 로스팅을 하기도 합니다만, 여기에는 분명 한계가 있습니다.

모든 사람에게 적재적소가 있는 것처럼 커피의 맛도 적재적소가 있습니다. 중국어를 잘하는 사람과 러시아어를 잘하는 사람이 있다고 할 때, 누구를 중국으로 출장 보내고, 누구를 러시아로 출장 보내야 하겠어요? 당연히 중국어를 잘하는 사람이 중국으로 가고, 러시아어를 잘하는 사람이 러시아로 가야지요. 괜히 부족한 능력을 기르라고 이 둘을 거꾸로 출장 보낼 이유는 없습니다.

커피 역시 마찬가지입니다. 특징을 살려주는 것이 좋은 로스팅이지, 굳이 균형을 잡겠다며 특징은 감추고 다른 부분을 부각할 필요는 없습니다. 무엇보다 균형 잡힌 커피라고 해서 반드시 좋은 커피인 건 아닙니다. 완벽하게 균형이 잡혔다는 말은 곧 아무런 특색이 없다는 말과 같기 때문입니다. 특정한 맛이 더 강하고 다른 맛이 약하다고 해서 나쁜 커피가 아닙니다. 모든 커피는 하나님이 각기 종류대로 지으신 유일한 작품입니다.

하물며 사람은 어떻겠습니까? 하나님은 모든 사람을 다 다르고 유일하게 만드셨습니다. 사람마다 능력이 다르고, 신체적 조건도 다릅니다. 자라난 환경은 말할 것도 없지요. 사업 수완이 뛰어난 사람이 있고, 그렇지 않은 사람이 있습니다. 외향적인 사람이 있고, 내향적인 사람이 있습니다. 학업능력이 뛰어난 사람이 있고, 그렇지 않은 사람이 있습니다. 그 밖에도 온갖 종류의 사람이 있습니다. 그러나 이 온갖 종류의 사람은, 세상의 기준으로 보면 성공하는 사람과 실패하는 사람으로 나뉩니다.

그런데 정말 그런 걸까요? 하나님의 기준은 그렇지 않습니다. 하나님은 모든 사람을 유일한 작품으로 만드셨기 때문입니다. 요한복음 9장에 보면 예수님이 길을 가시다가 날 때부터 시각장애인으로 태어난 사람을 보십니다. 제자들이 묻지요.

"랍비여 이 사람이 맹인으로 난 것이 누구의 죄로 인함
이니이까 자기니이까 그의 부모니이까"

"예수께서 대답하시되 이 사람이나 그 부모의 죄로 인
한 것이 아니라 그에게서 하나님이 하시는 일을 나타내고
자 하심이라"

날 때부터 시각장애인으로 태어난 사람을 두고 제자들은 누
구의 죄 때문에 이 사람이 이렇게 고생하느냐고 물었습니다.
이러한 질문 안에는 날 때부터 시각장애인으로 태어난 사람에
대한 편견이 자리 잡고 있습니다. 하나님의 유일한 작품으로
바라보는 것이 아니라, 죄의 결과로 저주를 받은 존재인 것처
럼 바라보는 것입니다. 그런 제자들에게 예수님은 "그에게서
하나님이 하시는 일을 나타내고자 하심이라"고 말씀하시면서
그 눈을 뜨게 해주십니다.

사실 날 때부터 시각장애인이었던 사람은 본인조차 자신을
그렇게 소중하게 생각하지 않았을지도 모릅니다. 내가 하나님

께 영광을 돌릴 방법은 없다고 스스로를 한탄스럽게 여겼을지도 모르지요. 자신이 눈을 뜨게 되리라고는 당연히 생각도 하지 않았을 것입니다. 그러나 예수님이 그에게 찾아오신 후에 그의 인생에는 대단히 큰 변화가 생깁니다. 보이지 않던 눈이 보이게 된 것이죠.

이 놀라운 일을 겪은 후에 이 사람은 바리새인들과 변론을 하게 되었습니다. 바리새인들은 율법을 따지면서 예수님이 안식일에 치유를 행한 것은 안식일을 지킨 것이 아니기 때문에 예수님은 하나님께로부터 온 자가 아니라고 주장합니다.

결국 이 논쟁은 예수님이 하나님께로부터 온 자가 아니라는 말을 듣고 싶은 논쟁인 셈입니다. 그리고 어떻게든 구실을 삼아 예수님이 죄인이라고 부각시키고자 했습니다. 그래서 날 때부터 시각장애인이었던 사람의 입에서 치유는 하나님이 해주신 것이고, 예수님이 하신 것이 아니라는 말과 예수는 죄인이라는 말을 꺼내려고 온갖 노력을 했습니다.

그러나 이 사람이 대답하는 말을 보세요.

"대답하되 그가 죄인인지 내가 알지 못하나 한 가지 아
는 것은 내가 맹인으로 있다가 지금 보는 그것이니이다"

내가 지금 예수님으로 인해 보지 못하다가 보게 되었는데
지금 이런 질문이 의미가 있느냐는 것입니다. 그래서 바리새인
들을 계속 물어봅니다. 도대체 어떻게 낫게 되었냐는 것입니
다. 똑같은 말이 앵무새처럼 반복되니까 이번에는 날 때부터
시각장애인이었던 사람이 바리새인들에게 묻습니다.

"내가 이미 일렀어도 듣지 아니하고 어찌하여 다시 듣고
자 하나이까 당신들도 그의 제자가 되려 하나이까"

요한복음 9:27

이 말을 들은 바리새인들은 욕을 퍼부으면서 "너는 그의 제
자이나 우리는 모세의 제자"라고 주장했습니다. 그러면서 "하
나님이 모세에게 말씀하신 줄을 우리가 알거니와 이 사람은

어디서 왔는지 알지 못하노라"라고 이야기합니다. 한마디로 예수님을 인정하기 싫다는 것입니다. 사이비라고 낙인을 찍고 싶은 것이지요.

그런데 바리새인들의 분개하는 모습을 보고 날 때부터 시각장애인이었던 사람이 한 대답이 굉장히 멋있습니다.

> "그 사람이 대답하여 이르되 이상하다 이 사람이 내 눈을 뜨게 하였으되 당신들은 그가 어디서 왔는지 알지 못하는도다 하나님이 죄인의 말을 듣지 아니하시고 경건하여 그의 뜻대로 행하는 자의 말은 들으시는 줄을 우리가 아나이다 창세 이후로 맹인으로 난 자의 눈을 뜨게 하였다 함을 듣지 못하였으니 이 사람이 하나님께로부터 오지 아니하였으면 아무 일도 할 수 없으리이다"
>
> 요한복음 9:30~33

예수님의 말씀이 떠오르지 않나요?

"그에게서 하나님이 하시는 일을 나타내고자 하심이라"

요한복음 9:3

날 때부터 보이지 않음으로 인해 걸인의 모습으로 구걸하며 하루하루를 버티던 인생이었습니다. 모두가 그 인생은 저주받았다고 생각했습니다. 그 누구도 이 사람을 하나님의 작품으로 바라보지 않았습니다. 그러나 예수님은 이 사람이 저주받은 인생이 아니라 하나님이 하시는 일을 나타내기 위해 존재했다는 사실을 드러내 주셨습니다.

모든 사람은 하나님의 작품입니다. 그 모습이 어떤 모습이든 하나님의 작품입니다. 그리고 하나님은 어떠한 모습을 하고 있든 하나님께 영광 돌리길 원하십니다. 그럴 수 있는 기회도 만들어주십니다. 날 때부터 시각장애인이었던 사람은 자신에게 찾아온 그 기회를 잡고 하나님이 자신을 지으신 목적대로 하나님이 하시는 일을 나타내고 하나님께 영광 돌렸습니다. 그 인생이 얼마나 아름답습니까?

우리는 모두 하나님의 세밀한 손길로 지음 받은 유일한 작품

191

입니다. 내 모습 속에 부족한 부분이 있을 수도 있습니다. 사실 모든 사람에게 부족함이 있지요. 그러나 그것은 실수가 아닙니다. 하나님이 그렇게 만드신 것입니다. 하나님은 그 모습 그대로 영광 돌리길 원하십니다. 이 사실을 기억한다면, 이렇게 고백해보는 것은 어떨까요?

"내 모습 이대로 주 받아주소서
날 위해 돌아가신 주 날 받아주소서"

20 마음을 따뜻하게 하는 커피

제가 커피를 로스팅 할 때 수망이 아닌 로스터기를 사용하기 시작한 것은 2013년입니다. 그때 저의 신분은 군인이었습니다. 소대장 직책을 맡고 임무를 수행하고 있었지요. 제가 소속된 부대는 GOP(Genaral Outpost, 흔히 철책선이라고 부르는 곳)에 투입되는 부대였습니다. 그래서 GOP에 들어갈 준비를 하는데, 사실 GOP라는 곳이 긴장감도 있지만 단조롭고 반복되는 일과로 인해 꽤 지루한 곳이기도 합니다. 그래서 생각한 것이 이참에 커피를 제대로 해보자는 것이었습니다.

그때만 해도 로스터기를 개인이 사용하는 일은 드물었습니다. 가정용 로스터기가 판매되긴 했지만 원하는 대로 로스팅하기에는 한계가 있는 제품들이었지요. 그렇다고 상업용을 사기에는 부담도 되고, 그렇게 많은 양을 로스팅 할 일도 없었습니다. 그러던 중 자작 로스터기를 판매하는 곳이 눈에 들어왔습니다. 시중에 판매되는 상업용 로스터기의 구조를 어느 정도 유지한 채로 크기만 줄여서 판매하는 것이었습니다. 딱 제가 필요로 하는 것이었기 때문에 그 로스터기를 주문했습니다. 수작업으로 만드는 것이었기에 약 7주 정도의 시간이 지나서야 로스터기를 받아볼 수 있었습니다.

그때부터 저희 소초에서는 거의 매일 로스팅이 이루어졌습니다. 혼자 마시려고 로스팅 한 것은 당연히 아닙니다. 소대원들 중에 커피를 좋아하는 친구들이 있었는데, 그 친구들과 부소초장이 주 고객이었습니다. 커피가 있는 곳에는 대화도 있기 마련. 덕분에 저와 부소초장, 시설 관리병은 거의 매일 밤 소초장실에서 대화의 장을 열기도 했습니다.

소초에서 커피를 내린 것은 생각지도 못한 곳에서 도움이 되기도 했습니다. 앞에서 언급했듯이 GOP의 일과는 단순합니다. 매일 반복되는 일과 속에서 긴장감을 유지한다는 것은 쉽지 않습니다. 그래서 근무 기강과 애로사항 등을 점검하기 위해 상급 부대에서 불시에 순찰을 보내기도 합니다. 순찰을 나오는 분 중에도 당연히 커피를 좋아하는 분이 계셨습니다. 제 기억으로는 한두 분을 제외하면 모두 커피를 좋아하셨죠. 그런데 GOP에 순찰을 나왔다가 뜻밖에 소초에서 직접 로스팅한 원두로 내린 신선한 커피를 맛보게 된 것입니다.

사실 상급 부대에서 점검을 나온다는 것이 예하 부대 입장에서는 여간 신경 쓰이는 것이 아닙니다. 애로사항을 해결해주겠다고 하는 것이 누군가에게는 문책당할 일이 되기도 하고, 책임질 일이 되기도 하기 때문입니다. 그러다 보니 순찰자가 보고하는 말 한마디, 말의 뉘앙스가 대단히 중요합니다. 물론 공과 사는 구분해야겠지만, 결국은 사람이 하는 일이니 감정이 아예 개입되지 않을 수는 없습니다. 감정 상할 일이라도 생기면 아무래도 지적할 점이 더 눈에 들어오기 마련이지요. 그래서 순찰자들과 좋은 관계를 유지하는 것은 꽤 중요한 일이었습니다. 저 역시 순찰자가 오면 항상 친절하게 맞이하고, 커피를 대접하곤 했습니다.

그런데 커피가 순찰자들의 마음을 따뜻하게 만들었습니다. 때로는 까다롭기로 소문난 분이 순찰을 나오기도 했는데, 그

분조차 커피 한 잔으로 마음이 열리는 모습을 볼 수 있었습니다. 어떤 날은 대대장님이 찾아오시기도 했습니다. 사실 GOP 소초장들은 대대장님이 소초에 방문하는 것을 굉장히 두려워했습니다. 꼼꼼한 성격의 대대장님은 항상 소초장들이 바라보는 것 이상을 바라보시는 분이었기 때문입니다. 보는 눈이 다르니 항상 지적당할 일이 많았습니다. 그런데 대대장님이 제가 있는 소초에 방문하실 때는 그리 지적을 하지 않으셨습니다. 커피 덕분에 대대장님의 마음도 따뜻해졌기 때문입니다.

물론 잘못된 것을 그냥 넘어가거나 하셨던 것은 아닙니다. 지적해야 할 사항이 있다면 아무리 커피를 드렸다 하더라도 지적을 하셨습니다. 다른 것이 있다면, 질책하기 위한 지적이 아니라 개선을 위한 지적으로 커피가 지적의 방향을 바꾸어 놓았다는 것입니다. 덕분에 제가 맡은 소초는 상급 부대로부터 대단히 좋은 평가를 받았습니다.

GOP에 퍼진 커피 향, 그리고 정성껏 내린 커피 한 잔은 많은 이의 마음을 녹였습니다. GOP는 유난히도 추운 곳이었지만, 그곳을 따뜻하게 만들어갈 수 있었던 것은 전부 커피 덕분입니다.

커피는 나 혼자 마셔도 좋습니다. 그러나 커피의 진정한 매력은 남에게 대접할 때이지 않을까 생각해봅니다. 히브리서 13장 2절에 보면 이런 구절이 나옵니다.

"손님 대접하기를 잊지 말라 이로써 부지중에 천사들을 대접한 이들이 있었느니라"

대단한 것을 대접하려고 하면 손님을 맞이할 엄두조차 나지 않을 수 있습니다. 작은 것부터 해보는 것은 어떨까요? 커피한 잔부터 대접해보는 것을 제안해봅니다. 다른 사람더러 타오라고 하는 것이 아닙니다. 직접 대접해보세요. 상대방의 마음이 따뜻해지는 것이 눈에 보일 것입니다. 추운 곳을 따뜻하게 만들어가는 이야기는 바로 여기에서 시작됩니다.

에필로그

저는 거의 매일 커피를 마십니다. 이제는 커피를 마시는 것이 일상입니다. 아침에 출근한 후 마시는 커피 한 잔. 점심 식사 후 마시는 커피 한 잔. 경우에 따라서는 저녁 식사 후에도 커피를 마실 때가 있습니다. 적게는 하루 한 잔에서 많게는 하루 석 잔 정도의 커피를 마시는 셈입니다.

커피를 마시는 이유는 단지 '커피가 좋아서'입니다. 『커피와 묵상』을 탈고하면서 드는 생각은 '커피는 단지 커피가 좋다는 이유로 습관처럼 마시는데, 성경 말씀을 이렇게 읽으면 얼마나 좋을까?'라는 것입니다.

이렇게 『커피와 묵상』을 글로 담은 이유가 '커피 한 잔을 마시는 동안 하나님을 생각해보자.'라는 취지라고 앞서 이야기했습니다. 이것은 이 책을 읽으실 분들에게 하는 말이기도 하지만, 나 자신에게 하는 말이기도 합니다. 습관처럼 커피를 마시듯 습관처럼 하나님을 생각하고 싶습니다. 일상 속에서 커피와 함께하듯이 삶의 모든 순간에 하나님의 말씀을 묵상하고 싶습니다.

여호수아 1장 7~8절에 보면 하나님이 여호수아에게 이렇게 말씀하십니다.

> "오직 강하고 극히 담대하여 나의 종 모세가 네게 명령한 그 율법을 다 지켜 행하고 우로나 좌로나 치우치지 말라 그리하면 어디로 가든지 형통하리니 이 율법책을 네 입에서 떠나지 말게 하며 주야로 그것을 묵상하여 그 안에 기록된 대로 다 지켜 행하라 그리하면 네 길이 평탄하게 될 것이며 네가 형통하리라"

처음에는 이 말씀을 읽을 때 갑갑해지는 느낌이었습니다. 나는 저렇게 살 수 없을 것 같다는 생각이 먼저 들었기 때문입니다. 마치 일상생활도 포기하고 하루 종일 성경만 읽고, 입으로도 성경을 암송하고 다니라는 말처럼 들렸습니다. 그러나 그런 말씀이 아니었습니다. 말씀을 지키고, 말씀을 살아내라는 것이었습니다. 물론 성경을 읽고, 말씀을 암송하는 것은 중요합니다. 그러나 성경을 지식으로만 아는 것은 아무 소용없습니다. 말씀이 삶이 되고, 삶이 말씀이 될 때 비로소 형통의 길이 열립니다.

『커피와 묵상』이 형통의 길을 열어가기 위한 작은 도구가 되었으면 좋겠습니다. 이제는 우리 삶에서 빼놓을 수 없는 시간, 바로 커피를 마시는 순간에도 말씀을 떠올릴 수 있고, 하나님을 생각할 수 있다면 "이 율법책을 네 입에서 떠나지 말게 하며 주야로 그것을 묵상하여 그 안에 기록된 대로 다 지켜 행하라"라고 말씀하신 삶에 한 발짝 더 다가설 수 있지 않겠습니까?

이러한 기대를 소망으로 품어봅니다.